오늘도 맛있는
연주네 식탁

소박한
재료로 만드는
일상을
빛내는 요리

PROLOGUE

안녕하세요. 정연주입니다.
요리책을 준비하며 먼 길을 달려왔지만 이제야 책을 썼다는 실감이 나네요.

저는 어려서부터 요리에 관심이 많았습니다.
가정 실습에서 새로운 요리를 배우면 집으로 돌아와 배웠던 요리를 다시 만들고 응용했었습니다. 어린 나이에 귀찮을 법한데, 제가 만든 요리를 먹고 맛있다고 말해주는 가족들을 보는 일이 정말 행복했었거든요.
얼마 전까지도 마찬가지였습니다. 시간이 흘러도 요리를 한다는 것에 대한 즐거움은 늘 충만한 상태였죠. 음식을 만들어 가까운 지인들을 초대하는 것이 일상이었고 기쁨이었습니다. 그러다 우연한 기회에 인스타그램에 제가 만든 음식들을 올리게 되었고, 제가 요리를 좋아하는 것 이상으로 제 요리를 좋아해 주시는 많은 분 덕분에 이렇게 책까지 쓰게 되었습니다.

흔한 쿠킹클래스 한번 가본 적 없는 제가 책을 쓴다는 건 정말 큰 결심과 결단이 필요했습니다. 여러 번의 거절과 고민 끝에 신중하게 결정하고 시작했지만, 그 과정 또한 고민의 연속이었죠.

가족과 주변 사람들을 위한 요리만 해오다 재료와 양념을 계량하고 무게를 재고 불 세기를 확인하며 시간을 체크하는 일들이 제게는 너무도 생소하고 참으로 어려웠습니다. 개인마다 요리하는 방식이 조금씩 다르고, 사용하는 조리 기구가 모두 다르다 보니 조리했을 때 맛이 달라지지는 않을까 하는 게 지금도 가장 염려되기도 하고요. 물론 촬영을 하고 수정을 해가며 정연주의 '맛있는 요리'를 그대로 전달하기 위해 고군분투했답니다.

제 책은 요리 연구가가 집필하거나 과학적 이론이 풍부한 책도 아닙니다. 하지만, 기본이기에 오히려 생소하게 느껴졌던 레시피와 누구나 간단히 따라 할 수 있는 레시피로 저희 가족의 따뜻한 식탁을 공유하고자 합니다.

책이 출간되기까지 도움 주셨던 수많은 분이 오늘도 머릿속을 스쳐 지나갑니다. 부족한 저를 격려해주시고 칭찬해 주셔서 정말 감사했어요. 한 분 한 분 감사한 맘 가득 안고 살아가겠습니다.

CONTENTS

002 PROLOGUE

BASIC GUIDE

012 나만의 부엌 만들어가기
014 식재료 구입&손질 가이드
016 기본 도구 가이드
020 기본 밥 짓기 가이드
022 기본 계량 가이드
023 기본 불 세기 가이드

PART 1

식탁이 맛있어진다   오늘도 맛있는 일품요리

026
훈제오리 버섯구이

028
감바스알하이요

030
차돌박이 숙주볶음

032
오징어볶음

034
도토리묵무침

036
고등어 무조림

038
매콤 돼지불고기

040
바지락 강된장

042
가자미 양념구이

044
닭볶음탕

046
주꾸미볶음

048
소고기 가지볶음

050
카레

052
아귀찜

054
함박스테이크

056
주꾸미 버섯전골

058
해파리냉채

060
찜닭

062
황태구이

064
등갈비 김치찜

PART 2

식탁이
정갈해진다

오늘도 맛있는 국물 요리

068
달걀 감자국

070
부추 새우탕

072
어묵국

074
얼큰 소고기무국

076
시금치된장국

078
참치 김치찌개

080
감자짜글이

082
콩나물국

084
건새우 근대국

086
콩비지찌개

088
황태국

090
청국장찌개

092
애호박 고추장찌개

094
오이냉국

096
된장찌개

098
명란젓찌개

100
차돌박이 순두부찌개

102
동태찌개

104
부대찌개

106
매생이 굴국

PART 3

식탁이
풍성해진다

오늘도 맛있는 일상 반찬

110
아삭 오이무침

112
모둠버섯무침

114
아삭이고추무침

116
명란무침

118
청포묵무침

120
숙주무침

122
참나물겉절이

124
굴 무생채

126
비름나물무침

128
매콤 콩나물무침

130
시금치나물

132
알배추 된장무침

134
가지나물

136
깻잎찜

138
꽈리고추찜

140
고사리나물

142
고구마순나물

144
도라지나물

146
호박 새우젓볶음

148
감자채볶음

150
건새우 마늘종볶음

152
소시지 채소볶음

154
브로콜리 버섯볶음

156
오이 소고기볶음

158
진미채무침

160 어묵볶음
162 멸치 견과류볶음
164 우엉조림
166 콩장
168 두부조림
170 진미채 간장조림
172 감자 고추장조림
174 다진 돼지고기 애호박조림
176 메추리알 곤약장조림
178 닭가슴살 고구마 간장볶음
180 소고기장조림
182 삼치구이
184 폭탄달걀찜
186 매생이 달걀말이
188 호박전
190 김치전
192 콩비지전
194 참치전
196 팽이버섯전
198 부추 오징어전

PART 4

식탁이 특별해진다

오늘도 맛있는 한 그릇 요리&특식

202
오징어 마늘종파스타

204
게살수프

206
양배추말이찜

208
떡국

210
어묵국수

212
부타가쿠니덮밥

214
밀떡볶이

216
바지락칼국수

218
훈제오리볶음밥

220
단호박찜

연주네 BEST 김밥

224
모둠김밥

227
옛날김밥

230
달걀말이김밥

233
땡초김밥

236
삼겹살김밥

PART 5

식탁의 한 끝이 달라진다

오늘도 맛있는 식탁 위 저장식

242
오이피클
양파 간장장아찌
깻잎장아찌

244
오이소박이
배추겉절이

246
만능 비빔장
소고기 볶음고추장

248
오리엔탈드레싱
타르타르소스
요거트드레싱

INDEX

250 ㄱㄴㄷ순으로 요리 찾기
재료별로 요리 찾기

BASIC GUIDE

✾ ✾ ✾

『오늘도 맛있는 연주네 식탁』 속 기초적인 요리 팁을 모은 베이직 가이드입니다. 요리를 시작하기 앞서 꼭 알아두면 좋은 내용만 골라 담았어요. 저의 부엌과 냉장고를 공개하고, 자주 사용하는 식재료를 구입하는 팁, 제가 사랑하는 주방 도구들. 여기에 맛있는 밥 짓는 법과 놓치기 쉬운 계량 가이드, 불 세기 가이드까지 담았답니다. 오늘두 맛있는 당신의 식탁, 이제 시작해보세요.

나만의 부엌 만들어가기

요리를 시작하기 전 자신만의 부엌을 파악하고 만들어가는 게 중요해요. 부엌의 크기는 크게 상관 없어요. 작은 부엌이나 큰 부엌 모두 활용하는 법에 따라 할 수 있는 요리의 편리함이 달라진답니다.

작은 부엌 활용법

작은 부엌 활용법은 생각보다 간단해요. 요리 시작 전 모든 재료를 꺼내놓고 요리하기보다 채소부터 꺼내 손질하세요. 껍질은 쓰레기에 모두 버리고 사용한 식기나 조리 도구를 1차 정리한 후에 요리를 시작하는 것이 좋아요. 이렇게 하면 주변도 깨끗하게 정리할 수 있고 요리도 더욱 수월해진답니다.

공간이 작다면 이동식 트레이를 사용하는 것도 하나의 방법이에요. 요리 재료, 양념 등을 올려두고 요리하면 작은 부엌이라도 효율적으로 요리할 수 있답니다.

| 냉장고 정리법 | 야무진 손끝의 시작은 냉장고 정리법에 달린 것 같아요. 식재료를 사서 냉장고에 정리할 때 순간 귀찮다는 이유로 비닐에 담긴 채 식재료를 방치하듯 넣어 놓거나, 용량이 큰 재료를 그대로 넣어둔다면 요리가 2~3배는 더 번거롭고 귀찮게 느껴진답니다. 또한 어떤 재료를 구입했는지 제대로 확인이 안되어 방치하면 식재료가 버려지는 최악의 상황까지 이르게 되지요. 이럴 때는 지퍼백과 밀폐 용기를 적절하게 사용, 소분해 정리해두면 요리가 더 쉬워지고 냉장고의 청결을 유지할 수 있어요. |

| 장보는 법 | 장보기 목록은 선택이 아닌 필수입니다. 정육, 수산, 채소, 가공식품, 공산품 등 크게 세분화하여 핸드폰 메모장에 적어두는 것이 좋아요. 특히 장보기 목록을 적기 전 냉장고의 재료를 체크하여 중복되어 버려지는 재료가 없도록 주의해요.
장보기는 구입처마다의 특색을 살린 장보기가 좋은 것 같아요. 생선이 싱싱한 곳, 대량 구매가 가능한 곳, 다양한 제품을 구비한 곳 등. 또한 최근에는 하루 전에 구매하면 새벽에 문 앞까지 신선한 식품을 배송해주는 샛별배송 업체들도 다양하게 생겼으니 개인의 생활 패턴과 식재료 구입 예산에 따라 온, 오프라인 마트의 특성을 파악하며 활용한다면 시간을 아끼고 더욱더 절약할 수 있어요. 예를 들어 대형마트의 경우 저녁시간 이후에 장을 보러 가면 고기, 생선 등은 할인을 하는 경우가 많으니 그 시간을 이용하는 것도 좋아요. |

식재료 구입&손질 가이드

이 책에서 가장 많이 사용하는 식재료 구입&손질 가이드입니다. 구입 방법이나 갈무리 방법, 보관 방법을 안내하고 있으니 요리를 시작하기 전에 숙지하는 것이 좋아요.

감자
감자를 고를 때에는 표면이 고르며 싹이 나지 않고 단단한 것을 선택해요. 구입 후에는 통풍이 잘되고 직사광선을 피할 수 있는 곳에 보관해야 오랜 기간 동안 먹을 수 있어요.

당근
색이 선명하고 매끈한 것을 고르는 게 좋아요. 당근은 항산화효과가 풍부한 베타카로틴의 함량이 높고 다양한 요리에 활용이 가능하답니다. 기름과 조리할 때 당근의 영양분을 가장 많이 섭취할 수 있어요.

대파
잎은 힘이 있고 뿌리 부분은 단단한 것을 고르세요. 대파의 뿌리는 깨끗하게 씻어 건조한 후 국물 요리에 사용해도 되니 버릴 것이 없어요. 구입 단위가 크니 조리 방법에 맞게 썰어 소분한 후 냉동 보관해요.

양파
생으로 먹으면 매운맛이 나지만 볶았을 때 감칠맛이 뛰어나며 은은한 단맛을 내기도 해요. 양파를 고를 때에는 단단하고 무르지 않은 것을 선택하고 구멍이 뚫린 망에 넣어 걸어두면 오랜 기간 먹을 수 있어요.

돼지고기
색이 선명하고 탄력 있는 것을 선택해요. 주로 사용하는 부위는 앞다리살, 삼겹살, 등갈비, 목살 등이 있지요. 구입 후 빠른 시간 안에 요리해야 신선하고 맛있게 먹을 수 있답니다. 지방이 많을 경우 칼로 떼어낸 후 사용해도 좋아요.

소고기
냉동육보다는 냉장육을 구입해야 고기 특유의 육즙이 잘 살아 있답니다. 소고기는 식육판매표시판을 확인해 구매하려는 소고기의 부위나 가격을 꼼꼼히 확인하는 작업을 거치는 것이 좋아요.

새우
타우린이 풍부한 새우는 냉장실의 필수 재료라고 생각될 만큼 활용도가 높아요. 껍질이 있는 새우라면 이쑤시개를 사용해 두 번째 마디의 내장을 제거한 뒤 소분해 냉동 보관하는 것이 좋아요. 구입은 마트, 산지직송을 주로 이용하며 껍질을 벗긴 탈각새우의 경우 온라인에서 크기 별로 구매할 수 있어요.

달걀
자주 먹는 식재료로 더 꼼꼼한 선택이 필요한 것 같아요. 달걀 표면에 찍혀있는 번호를 통해 달걀의 사육 환경 번호를 알 수 있어요. 마지막 번호가 1일 경우 자유롭게 방사한 닭이 낳은 달걀, 2일 경우 축사 내 평사, 3일 경우 개선된 케이지, 4일 경우 기존의 케이지라고 해요.

두부
찌개나 조림 등에 두루 사용해요. 시장이나 두부집에서 만드는 손두부가 더 고소한 맛이 강해요. 팩 두부는 유통기한과 콩의 원산지나 GMO식품인지를 확인하세요. 남은 두부는 밀폐 용기에 넣어 두부의 단면이 모두 잠기게 보관해야 더 신선하게 보관할 수 있답니다.

기본 도구 가이드

요리할 때 사용하는 기본 도구 가이드입니다. 평상시 많이 사용하는 도구 위주로 소개하였습니다. 꼭 저와 똑같은 것을 고집할 필요는 없습니다. 도구 자체의 기능에 충실한 것을 고르되 오래 사용할 수 있는 제품이 좋겠지요.

주물 팬

한 손으로 들기엔 무겁지만 주물 팬의 매력을 느낀다면 다른 프라이팬은 잘 사용하지 않게 돼요. 잘 달궈 요리하면 부족한 철분도 같이 섭취할 수 있고, 열전도율이 좋아 요리가 빠르고 맛있게 된답니다. 팬은 처음에 구입한 후 시즈닝(팬을 길들이는 작업)과 예열을 잘 하면, 재료가 달라 붙는 일 없이 맛있는 요리를 할 수 있답니다.

주물 냄비

제 요리의 맛의 비결인 주물 냄비에요. 주물 냄비는 무겁지만 매력적인 도구에요. 열전도율이 좋아 요리의 맛이 좋아지고 영구적으로 사용할 수 있는 장점을 가지고 있죠. 자기에게 잘 맞는 사이즈의 주물 냄비 하나만 있어도 밥, 국, 찌개 등 다양한 활용을 할 수 있어요.

나무 도마

나무 도마는 칼질 시 칼날의 손상이 적으며 기분 좋은 소리를 내 요리의 즐거움을 더하는 필수 아이템이에요. 나무 도마는 보기보다 섬세한 관리가 필요한데, 사용 후에는 바로 씻어 물기를 제거한 후 그늘에 말려주고 주기적으로 소금을 사용, 살균해주는 것이 좋아요. 표면이 거칠어졌을 땐 사포로 문질러 닦아내고 포도씨유를 얇게 발라 보관해요.

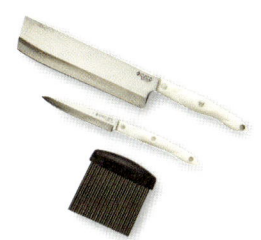

칼, 크링클커터
절삭력이 좋고 그립감이 편해야 사용하기 편하답니다. 크링클커터는 손에 잡히는 그립감도 좋고 잘려진 단면이 물결 모양이라 지루해지기 쉬운 요리에 재미를 선사할 수 있어요.

볼
재료를 소분하거나 재료를 버무릴 때 많이 사용하는 볼입니다. 소재는 스테인리스나 유리가 적합해요. 밑면이 넓은 것을 선택하는 것이 안정감 있게 사용할 수 있어요.

체
망이 튼튼한 체를 선택하는 게 중요해요. 장기간 위생적으로 사용하려면 스테인리스 소재가 좋지요. 다양한 사이즈의 체를 구비해두면 물기 제거, 면을 건질 때 등 용도에 맞는 사용이 가능해요.

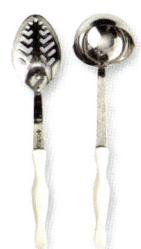

국자
국자는 용도에 맞게 2~3가지 크기를 구비해 두는 것이 사용하기 편리합니다. 뜨거운 요리에 사용되는 경우가 대부분이니 스테인리스 소재를 사용하는 것이 좋답니다.

나무 주걱
나무로 된 조리도구는 세척 시 장시간 담가놓기보다는 바로 세척하는 것이 좋아요. 또한 주기적으로 그늘에 말려 포도씨유를 얇게 펴 발라주면 처음의 상태를 오래도록 유지할 수 있답니다.

필러형 커터기
채소를 가늘게 채치기 어렵다면 이 제품이 요긴하게 사용된답니다. 얇게 썰리기 때문에 채소로 파스타면을 만들 수도 있어요. 스테인리스 소재라 위생적으로도 좋답니다.

트레이
요리를 플레이팅 하거나 재료를 정리, 운반할 때 유용해요. 특히 김밥 쌀 때 안성맞춤이지요. 트레이는 젖은 행주를 사용해 닦아가며 관리하고 주기적으로 포도씨유를 발라 관리해주는 게 좋아요.

이런 것도 있으면 좋아요!
정확한 맛을 낼 수 있게 도와주는 계량도구, 요리 식재료를 정리할 수 있게 도와주는 바트도 있으면 좋은 필수품 중 하나예요. 계량 도구는 '기본 계량 가이드(22P)'에서 바트는 대부분의 요리 과정컷에서 살펴볼 수 있어요. 두 도구는 모두 스테인레스 소재를 사용하는 것이 위생상 좋답니다.

기본 양념 가이드

요리의 맛을 내는 기본 양념 가이드입니다. 평상시 가장 많이 사용하는 양념 위주로 소개하되 제가 주로 양념 재료를 고르는 기준을 조금이나마 적어 구입에 도움이 될 수 있게 했답니다.

간장
간장은 크게 두 가지 종류로 나뉩니다. 볶음, 조림 등에 사용하는 양조간장, 진간장과 국물요리에 사용하는 조선간장, 국간장이 있어요. 저는 100% 양조간장을 사용하는 편이에요. 원료 역시 구매할 때 꼼꼼하게 비교하는 편이랍니다.

고추장
매운맛을 내는 양념, 조림 등에 사용되는 전통 장이에요. 만드는 원료에 따라 찹쌀고추장, 밀가루고추장으로 나뉜답니다. 마트표 고추장도 좋지만 맛있는 고추장을 구입하려면 지역 농협이나 인터넷 직거래 등을 이용해도 좋아요.

된장
구수한 맛의 된장은 구입 시 식품 유형에 '한식된장'이라고 표기된 것을 구입하는 게 좋아요. 메주를 사용해 만든 된장은 가격이 조금 비싸더라도 맛과 영양을 더 챙길 수 있답니다. 메주 외에 다른 식품 첨가물의 유무를 확인해 구입해요.

고춧가루
매콤한 맛을 내는 고춧가루는 국산을 사용하는 것이 기본이에요. 빛깔이 곱고 입자가 고른것이 음식을 했을 때 고운 색이 난답니다. 유통기한, 원료 등을 꼼꼼히 확인하고 구매하는 것이 좋아요.

굴소스
굴을 발효해 만든 중국식 소스입니다. 감칠맛이 살아있어 한식과도 잘 어울리며 간장 베이스의 양념에 간장의 양을 조금 줄이고 굴소스를 사용하면 또 다른 감칠맛을 느낄 수 있어요.

설탕
단맛을 낼 때 사용해요. 물에 잘 녹는 성질이 있어 요리에 쉽게 사용하기 좋아요. 단맛뿐 아니라 식품의 보존 기간을 늘리는 역할도 하기 때문에 청이나 장아찌 등에도 많이 사용해요. 다른 당류에 비해 깔끔한 맛을 낸답니다.

올리고당
건강한 단맛을 내고 싶을 때 사용해요. 요리의 요리의 단맛과 윤기를 더하지요. 올리고당은 높은 온도에서 장시간 조리했을 때 단맛이 줄어들기 때문에 요리의 마지막에 넣는 것이 좋답니다.

식초
양조식초와 합성식초(사과식초 등)로 나눠져요. 설탕과 마찬가지로 보존제의 역할을 해 주기 때문에 저장식품에 설탕과 함께 많이 사용된답니다. 또한 살균효과와 냄새 제거 효과도 있어 주방에서 다양하게 활용하기 좋아요.

참치액
훈연참치를 이용해 만든 참치액은 비린 맛이 적고 감칠맛이 뛰어나 요리에 다양하게 활용돼요. 시중에 다양한 참치액이 많이 나와있으니 성분표를 보고 천연 재료의 함량이 높은 제품을 선택하는 것이 좋아요.

참기름
참깨를 볶아 압착하여 짠 기름으로 고소한 맛을 내요. 바로 짠 참기름이 좋기 때문에 작은 용량으로 구입해서 사용하는 것이 좋답니다. 조리 과정 중에는 향이 날아갈 수 있으니 요리의 마지막에 넣어 주세요.

다진 마늘
통마늘을 바로 다져서 사용하는 방법이 가장 좋지만 번거롭게 느껴진다면 블렌더 또는 절구를 이용해 간 후 칸막이가 있는 저장 용기에 담아 냉동 보관해서 사용하면 편리해요.

참깨
불포화 지방산과 철분이 풍부한 참깨에요. 고소한 맛을 내고 싶은 요리의 마지막에 넣어요. 실온에 두면 산패가 일어날 수 있으니 냉장 또는 냉동 보관하는 것이 좋아요.

기본 밥 짓기 가이드

맛있는 식탁의 기본은 맛있는 밥 아닐까요? 어떤 반찬과도 잘 어울리는 따뜻하고 맛있는 밥을 지어보세요. 열 반찬 부럽지 않은 한 공기의 힘을 느낄 수 있답니다.

쌀 구입하기

맛있는 밥의 시작은 맛있는 쌀. 쌀을 구입할 때 제가 유심히 살피는 것은 원산지, 생산년도, 품종이에요. 요즘은 수입쌀이 많이 나와 꼼꼼하게 확인하지 않으면 국내산인지 수입산인지 구별이 쉽지 않답니다. 포장에는 큰 차이가 없으니까요. 원산지를 확인한 후에는 생산 년도에 따라 밥맛이 달라지니 최대한 늦은 생산을 한 쌀을 고르는 것이 좋아요.
품종은 국내산이라도 단일품종이 맛있답니다. 혼합이라 쓰여있는 쌀은 여러 종이 섞여있고 이 과정을 통해 수입쌀이 섞일 때도 있기 때문이죠. 국내산이 조금이라도 섞여있으면 국내산으로 원산지 표기가 가능하기 때문에 가격보다 밥맛이 중요하다면 #단일품종을 꼭 확인하세요.

쌀 보관하기

쌀은 소량 구매가 바람직하지만 대량 구매하는 편이 저렴하고 편리하기 때문에 대량 구매를 하는 경우가 많이 있어요. 이럴 경우 습기를 차단하는 것이 가장 중요합니다. 페트병에 쌀을 넣어 두거나 밀폐 용기에 넣어 뚜껑을 닫아 보관해주세요.

취향에 맞는 도구별 밥 짓기
2~3인분

갓 지은 따끈한 밥의 매력 '냄비 밥'

재료 쌀 2컵

1 쌀을 깨끗하게 씻어 30분간 불린다.
2 불린 쌀은 체에 밭쳐 물기를 뺀 후 쌀과 동량의 물을 넣어(1:1) 뚜껑을 닫는다.
3 중간 불에서 약 8~10분간 끓여 밥물이 끓어오르면 약한 불로 줄여 10분, 불을 끄고 5분간 뜸 들인다.

1 2 3

Q 햅쌀과 묵은쌀의 물의 양은 같나요?
햅쌀일 경우 물을 덜 흡수하기 때문에 물의 양을 조금 줄이는 게 좋아요. 묵은쌀의 경우는 충분히 불리고 물을 조금 더 넣어주어야 한답니다.

Q 쌀의 양에 따라 밥하는 시간이 달라지나요?
전기밥솥의 경우 알아서 시간 조절이 되지만 냄비 밥의 경우 그렇지 않아요. 냄비 밥은 냄비 안에 있는 쌀과 물의 양에 따라 끓어오르는 시간이 다르지요. 끓어오르면 불을 약한 불로 줄여 10분 정도 천천히 뜸을 들인다고 생각하면 된답니다.

바쁠 때 편하게 짓는 '전기밥솥 밥'

재료 쌀 2컵

1 쌀은 깨끗하게 씻어 30분간 불린다.
2 불린 쌀은 체에 밭쳐 물기를 뺀다.
3 쌀의 0.9정도의 물을 넣어 뚜껑을 닫고 취사 버튼을 누른다.

빠른 시간에 완성하는 '압력솥 밥'

재료 쌀 2컵

1 쌀은 깨끗하게 씻어 30분간 불리고 체에 밭쳐 물기를 뺀다.
2 쌀의 0.9정도의 물을 넣어 뚜껑을 닫아 중간 불에 올린다. 추 소리가 나면 2분간 기다린다.
3 약한 불로 줄여 3분, 불을 끄고 5분간 뜸 들인다.

밥 보관하기

밥이 남았을 때 밥팩을 이용해 남은 밥을 소분해서 담아 냉동 보관하면 좋아요. 먹기 직전에 전자레인지에 넣어 한 팩씩 데워 먹으면 갓 지은 밥맛을 느낄 수 있어요.

기본 계량 가이드

요리를 할 때 기본이 되는 계량 가이드입니다. 밥 숟가락 계량은 편리하지만 맛의 편차가 있지요. 계량 도구를 사용하면 누가 만들어도 늘 같은 맛을 낼 수 있어 더욱 편리하답니다.

계량컵

1컵(C) = 200ml = 종이컵 1컵

Tip. 이렇게 계량하세요
액체류 가득 담기
가루류 / 알갱이류 / 장류 가득 담아 윗면 깎기

전자 저울

재료를 쉽게 계량할 수 있는 저울로 가정용 2kg 저울을 추천해요.

계량 스푼

밥 숟가락 1큰술 = 10ml

1큰술 = 1TS = 15ml

= 밥 숟가락 기준 약 1과 1/2큰술

 가루류 1큰술(15ml)

 액체류 1큰술(15ml)

 가루류 1/2큰술(7.5ml)

 액체류 1/2큰술(7.5ml)

1작은술 = 1ts = 5ml

= 밥 숟가락 기준 약 1/2큰술

 가루류 1작은술(5ml)

 액체류 1작은술(5ml)

 가루류 1/2작은술(2.5ml)

 액체류 1/2작은술(2.5ml)

기본 불 세기 가이드

> **Tip.** 중간 불에는 중약 불(🔥🔥)도 있어요!
> 중약 불은 중간 불과 약한 불의 사이에요. 가스레인지가 아닌 인덕션을 사용할 때는 각 제품의 사용설명서를 참고해 불의 세기를 가늠해 주세요.

조리를 할 때 기본이 되는 불 세기 가이드입니다. 불 세기는 각 가정마다 조금씩 다르기 때문에 아래의 그림을 보고 불 세기를 짐작해 보세요.

센 불 🔥🔥🔥🔥

불꽃이 팬의 바닥에 충분히 닿는 정도

물이나 국을 끓일 때, 끓어오르게 할 때, 재료를 빠르게 볶을 때 사용해요.

중간 불 🔥🔥🔥

불꽃과 팬의 바닥 사이에 0.5cm 가량의 틈이 있는 정도

팬을 달궈야 할 때, 볶음이나 조림 등 가장 많이 사용해요.

약한 불 🔥

불꽃과 팬의 바닥 사이에 1cm 가량의 틈이 있는 정도

천천히 팬을 달구고 싶을 때, 요리에 뜸을 들일 때 사용해요.

PART 1

식탁이
맛있어진다

오늘도
맛있는
일품요리

***

식탁에 오르는 요리 중 메인이라 할 수 있는 일품요리입니다. 다른 반찬 없이 하나의 요리만으로 식탁을 꾸며주는 기특함이 있지요. 일품요리를 어렵게 생각하는 경우가 많은데, 제가 소개하는 요리들은 과정을 간소화하고 양념의 맛을 살려 특별한 요리 스킬 없이도 쉽게 따라 할 수 있답니다. 단 세 가지 과정만으로 완성되는 일품요리로 식탁을 더욱 맛있게 차려보세요.

훈제오리 버섯구이
★★★

훈제오리는 끓는 물에 데쳐 발색제나 여분의 기름을 제거하면 더 깔끔하게 즐길 수 있답니다. 특별한 양념 없이도 오리 기름에 마늘과 버섯, 부추만 따로 구워주면 푸짐한 상차림을 완성할 수 있어요.

15분 2~3인분

READY

훈제오리 ·················· 1봉지(500g)
새송이버섯 ················ 4개(200g)
부추 ····································· 1줌
마늘 ··································· 12개
허니 머스터드 ···················· 적당량

RECIPE TIP

버섯 밑동은 말려 다시 국물을 만들 때 활용하면 좋아요.

1

재료 손질해 준비하기

끓는 물에 체에 밭친 훈제오리를 넣고 1분간 데쳐 물기를 뺀다. 새송이버섯은 밑동을 제거하고 먹기 좋은 크기로 썰고, 부추는 4등분한다. 마늘은 편 썬다.

Tip. 남은 물기는 키친타월로 제거해요.

2

중간 불  3~4분

달군 팬에 훈제오리를 넣어 기름이 나오기 시작하면 마늘, 버섯을 넣어 중간 불에서 노릇하게 굽는다.

3

중간 불 🔥🔥🔥 30초 → 완성하기

훈제요리를 팬 한쪽으로 밀어 둔 후 부추를 넣고 살짝 구운 후 그릇에 담아 허니 머스터드와 함께 낸다.

감바스알하이요

통통하게 씹히는 새우로 만드는 이국적인 감바스예요. 비주얼은 근사하지만 조리방법은 간단해 특별한 날이나 와인과 함께 곁들이기 좋은 요리랍니다. 바게트 외에도 식빵을 구워 같이 내도 좋아요.

15분   2~3인분

READY

생새우살	15개(중간 크기)
편 썬 마늘	12개분
방울토마토	5개
소금	약간
후춧가루	약간
참치액	1작은술
레드페퍼홀	적당량
파슬리가루	적당량
올리브유	3/4컵
	(50ml + 100ml)

RECIPE TIP

감바스는 주물팬에 조리해야 마지막까지 따뜻하게 먹을 수 있어요. 마늘이 타지 않게 주의해요.

1

재료 손질해 준비하기

생새우살은 소금물(물 1컵 + 소금 1큰술)에 씻어 체에 밭쳐 물기를 제거한 후 소금, 후춧가루를 뿌려 밑간한다.

2

중약 불

달군 팬에 올리브유 1/4컵(50ml), 편 썬 마늘을 넣고 중약 불에 굽고 노릇해지면 올리브유 1/2컵(100ml), 생새우살, 방울토마토를 넣고 앞뒤로 익힌다.

Tip. 올리브유를 나눠 넣으면 더 진한 향을 낼 수 있어요.

3

중약 불 → 완성하기

참치액을 넣고 섞은 후 불은 끈다. 레드페퍼홀과 파슬리를 뿌린다. 바게트(분량 외)와 함께 낸다.

차돌박이 숙주볶음

✱✱✱

기름기가 많은 차돌박이는 숙주를 듬뿍 넣고 볶아주면
고소한 맛이 배가 되요. 고소한 차돌과 아삭아삭 씹히는
숙주의 식감을 느껴보세요.

15분　 2인분

READY

차돌박이	300g
숙주	300g
양파	1/2개
대파	10cm
베트남고추(또는 홍고추)	5개
다진 마늘	1큰술
간장	1큰술
굴소스	2큰술
참기름	1큰술
검은깨	적당량
식용유	2큰술

밑간

소금	약간
후춧가루	약간

1

재료 손질해 준비하기

차돌박이에 소금, 후춧가루를 뿌려 밑간한다. 양파는 채 썰고 대파는 어슷 썬다.

2

중간 불

달군 팬에 식용유를 두르고 중간 불에서 다진 마늘, 베트남고추를 넣고 볶다가 차돌박이, 양파를 넣어 볶는다.

3

중간 불　30초 → 완성하기

고기가 익으면 숙주, 대파, 간장, 굴소스를 넣고 30초간 살짝 볶은 후 불을 끄고 참기름, 검은깨를 넣어 섞는다.

오징어볶음

덮밥으로도 반찬으로도 언제나 맛있는 오징어볶음입니다. 오징어가 질기지 않고 물이 많이 생기지 않게 볶는 게 중요하답니다.

15분　　**2~3인분**

READY

오징어	2마리(손질한 것)
호박	1/4개
당근	1/4개
양파	1개
대파	10cm
홍고추	1개
참기름	1큰술
참깨	적당량
식용유	2큰술

양념

설탕	2큰술
고춧가루	3큰술
다진 마늘	2큰술
다진 생강	1/3큰술
간장	2큰술
참치액	1큰술
고추장	1큰술
후춧가루	약간

RECIPE TIP

오징어볶음은 소면과 함께 내거나 덮밥으로 즐겨도 좋아요. 취향에 따라 깻잎 등 채소를 추가해도 좋지요. 양념은 한번에 넣기보다는 간을 본 후 취향에 따라 가감해요.

1

재료 손질해 준비하기

오징어는 모양을 살려 썬다. 호박, 당근은 반달 썰기, 양파는 채 썰고 대파, 홍고추는 어슷 썬다. 작은볼에 양념 재료를 넣고 섞는다.

2

센 불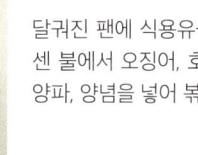

달궈진 팬에 식용유을 두르고 센 불에서 오징어, 호박, 당근, 양파, 양념을 넣어 볶는다.

3

센 불 **1분 → 완성하기**

오징어가 익으면 대파, 홍고추를 넣어 1분간 볶은 후 참기름, 참깨를 뿌린다.

도토리묵무침

간단한 조리법으로 더 사랑 받는 메뉴예요. 이 방법으로 푸짐하고 맛있는 도토리묵무침을 만들어보세요. 이제 가게에서 비싼 도토리묵무침 못 사 드실 거예요.

15분　2인분

READY

도토리묵	1모(400g)
오이	1개
양파	1/2개
당근	1/4개
깻잎	10장
대파	10cm
홍고추	2개
청양고추	1개
참깨	적당량

양념

설탕	1큰술
고춧가루	2큰술
다진 마늘	1큰술
간장	3큰술
들기름	2큰술

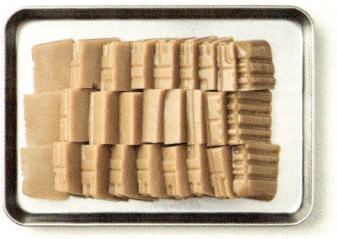

재료 손질해 준비하기

1 도토리묵은 먹기 좋은 크기로 썬다.

재료 손질하기

2 오이, 당근은 납작하게 깻잎, 양파는 채 썬다. 대파, 홍고추, 청양고추는 어슷 썬다.

완성하기

3 볼에 양념 재료를 넣고 섞은 후 모든 재료를 담고 살살 버무린 후 참깨를 뿌린다.

고등어 무조림

싱싱한 생고등어를 넣고 조려 만든 고등어 무조림입니다. 무를 크게 썰어 넣어 푹 조려 주세요 고등어만큼이나 양념이 잘 밴 무에 손이 간답니다.

35분   3~4인분

READY

생고등어	2마리(손질한 것)
무	1/4개
양파	1개
대파	20cm
청양고추	2개
홍고추	1개
참기름	1큰술
후춧가루	약간
참깨	적당량
다시 국물	2컵
	(400ml, 66p 참고)

양념

설탕	2큰술
고춧가루	5큰술
다진 마늘	2큰술
간장	3큰술
맛술	2큰술
참치액	1큰술
된장	1큰술
다진 생강	1작은술

RECIPE TIP

고등어는 사용하기 전에 쌀뜨물에 30분간 담가 체에 밭친 후 사용해요. 무 대신 감자로 대체 시 고등어 넣을 때 같이 넣어 익혀요.

1

재료 손질해 준비하기

손질한 생고등어에 굵은 소금(1작은술)을 뿌려 5분간 밑간한다. 무는 큼직하게 썰고, 양파는 6등분한다. 대파, 청양고추, 홍고추는 어슷 썬다. 작은 볼에 양념 재료를 넣고 섞는다.

2

센 불 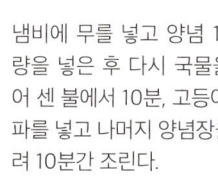 **10분 → 10분**

냄비에 무를 넣고 양념 1/2분량을 넣은 후 다시 국물을 부어 센 불에서 10분, 고등어, 양파를 넣고 나머지 양념장을 올려 10분간 조린다.

3

중간 불 1분 → 완성하기

대파, 청양고추, 홍고추, 후춧가루를 넣어 1분간 끓인 후 불을 끄고 참기름을 넣는다. 참깨를 뿌린다.

매콤 돼지불고기

돼지불고기는 고기가 세일할 때 양념해두고 소분해서 냉동실에 넣어두면 급할 때 요긴한 효자 반찬이 돼요. 황금비율 양념에 불고기를 재어놓고 채소 듬뿍 넣어 볶으면 간단한 메인 요리 완성이랍니다.

20분
+ 숙성 30분

2인분

READY

돼지고기 앞다리살	600g
양파	1개
당근	1/4개
대파	10cm
홍고추	1개
식용유	2큰술
참기름	1큰술
참깨	적당량

양념

설탕	2큰술
고춧가루	4큰술
카레가루	1/2큰술
다진 마늘	2큰술
간장	2큰술
고추장	2큰술
생강	1/2작은술
후춧가루	약간
사과즙	1/4컵(50ml)

RECIPE TIP

양념 재료의 카레가루는 고형카레일 경우 1/4 조각, 카레 맛이 싫을 땐 간장 1/2큰술로 대체하세요.

재료 손질해 준비하기

1
볼에 돼지고기와 양념 재료를 넣고 조물조물 버무린 후 30분간 냉장 숙성한다. 양파, 당근은 채 썰고 대파, 홍고추는 어슷 썬다.

센 불 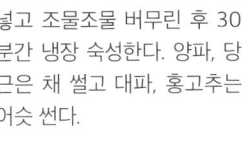 5분

2
달군 팬에 식용유를 두르고 돼지고기, 양파, 당근을 넣고 센 불에서 5~6분간 볶는다.

센 불 3분 → 완성하기

3
대파, 홍고추를 넣어 센 불에서 3분간 볶은 후 불을 끄고 참기름, 참깨를 넣어 섞는다.

우렁 강된장
***

어릴 적 해주셨던 그 맛을 잊을 수 없어 가끔 해먹는 요리예요. 강된장은 만든 후 소분해서 냉장 또는 냉동 보관 해두면 활용도가 높답니다. 입맛 없을 때 밥에 비벼먹기만 해도 좋아요.

20분 **3~4인분**

READY

우렁이살	200g
양파	1/2개
호박	1/3개
버섯	100g
청양고추	5개
홍고추	1개
된장	5큰술
들기름	3큰술
올리고당	1큰술
멸치 국물	3/4컵(150ml)

RECIPE TIP

멸치 국물은 끓는 물 2컵(500ml)에 손질한 멸치 2줌을 넣어 20분간 푹 우린 후 다시마 1조각을 넣어 5분간 더 우려내 국물만 따로 건져내요. 이와섞돼 국물양은 150ml가 돼요.

1

우렁이살은 씻어 체에 받쳐 물기를 뺀다. 양파, 호박, 버섯은 잘게 썰고 청양고추, 홍고추는 송송 썬다.

재료 손질해 준비하기

2

달궈진 팬에 들기름을 두르고 된장을 넣어 볶은 후 양파, 호박, 버섯을 넣고 중간 불에서 3분간 볶는다.

중간 불 3분

3

멸치 국물을 넣어 5분간 조린 후 우렁이살을 넣고 한소끔 끓인다. 올리고당, 청양고추, 홍고추를 넣어 3분간 끓인다.

중간 불 → 5분 → 3분

가자미 양념구이
***

가자미는 비린내가 적어서 아이들도 좋아하는 생선 중 하나예요. 바삭하게 구운 가자미에 양념을 끼얹으면 색다른 맛의 가자미 양념구이를 즐길 수 있답니다.

20분　 2~3인분

READY

가자미	2마리(손질한 것)
밀가루	1큰술
식용유	1큰술

양념

다진 양파	1/2개분
송송 썬 쪽파	5줄기분
고춧가루	1큰술
다진 마늘	1큰술
간장	2큰술
올리고당	1큰술
참기름	1큰술
다시 국물	1/4컵
(50ml, 66p 참고)	

재료 손질해 준비하기

1 가자미는 칼집을 낸 후 굵은 소금(1작은술)을 뿌려 밑간한 후 키친타월로 수분을 최대한 제거한다. 작은 볼에 양념 재료를 섞는다.

중간 불 🔥🔥🔥 3분 → 3분

2 가자미의 양면에 밀가루를 묻히고 달군 팬에 식용유를 두른 후 가자미를 넣어 중간 불에서 앞뒤로 3분간 바삭하게 굽는다.

약한 불 🔥 3분

3 구워진 가자미에 양념 재료를 올린 후 뚜껑을 덮어 양념이 베어 들게 한번 뒤집어 약한 불에 3분간 굽는다.

닭볶음탕

여러 반찬 없이 한 냄비 끓여놓으면 온 가족이 맛있게 즐길 수 있는 메뉴예요. 닭 국물이 쏙 배어든 양념에 밥을 볶아먹어도 별미랍니다.

35분   3~4인분

READY

볶음탕용 닭	900g(손질한 것)
감자	2개
양파	1개
당근	1/2개
대파	10cm 2대
홍고추	2개
청양고추	2개
참기름	1큰술
후춧가루	약간
물	2와 1/2컵(500ml)

양념

설탕	2큰술
고춧가루	6큰술
다진 마늘	2큰술
간장	3큰술
국간장	1큰술
다진 생강	1작은술

RECIPE TIP

볶음탕용 닭은 끓는 물에 짧게 데쳐 불순물을 씻어 준비해요.

1

재료 손질해 준비하기

감자, 양파, 당근은 큼직하게 썬다. 대파, 홍고추, 청양고추는 어슷 썬다. 작은 볼에 양념 재료를 넣고 섞는다.

2

센 불 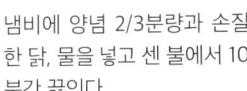 10분

냄비에 양념 2/3분량과 손질한 닭, 물을 넣고 센 불에서 10분간 끓인다.

3

센 불 15분 → 1분 → 완성하기

감자, 양파, 당근, 남은 양념을 넣어 센 불에서 15분, 대파, 홍고추, 청양고추, 후춧가루를 넣어 1분간 더 끓인 후 참기름을 넣는다.

주꾸미볶음

매콤하게 볶아 놓으면 반찬으로도 술안주로도 제격인 메뉴예요. 특히 알이 꽉 찬 3-4월 제철에 드시면 더 맛있답니다. 주꾸미볶음은 덮밥으로도 활용이 가능하고 다 먹은 양념에 밥을 볶아 먹어도 맛있어요.

20분　2~3인분

READY

주꾸미	600g(손질한 것)
양파	1/2개
당근	1/3개
대파	10cm
청양고추	2개
홍고추	1개
식용유	2큰술
참깨	적당량
참기름	1큰술

양념

설탕	2큰술
고춧가루	2큰술
다진 마늘	2큰술
간장	1큰술
참치액	1큰술
굴소스	1큰술
고추장	2큰술
생강	1/2삭은술
후춧가루	약간

RECIPE TIP

양념 재료는 미리 만들어 숙성해두고 오징어볶음, 생선조림 등에 활용해도 좋아요. 양념은 한번에 넣기보다는 간을 본 후 취향에 따라 가감해요.

재료 손질해 준비하기

1

양파는 3등분하고 당근은 납작하게 대파, 청양고추, 홍고추는 어슷 썬다. 작은볼에 양념 재료를 넣어 섞는다.

중간 불　1분 → 1분

2

달군 팬에 식용유를 두르고 중간 불에서 양파, 당근을 넣어 1분간 볶는다. 손질한 주꾸미를 넣고 1분간 볶는다

센 불　3분 → 1분 → 완성하기

3

양념을 넣어 센 불에서 3분, 대파, 청양고추, 홍고추를 넣어 1분간 볶은 후 참기름, 참깨를 넣는다.

소고기 가지볶음
✳✳✳

여름 채소인 가지와 영양만점의 소고기의 조화가 좋은 푸짐한 요리입니다. 일품 반찬으로 먹어도 좋지만 따뜻한 밥에 올려 덮밥으로 즐겨도 그만이랍니다.

20분   2인분

READY

소고기	300g
가지	2개
채 썬 양파	1/2개분
송송 썬 쪽파	5줄기분
편 썬 마늘	5개분
어슷 썬 홍고추	1개분
참깨	적당량
참기름	1큰술

~~~~~~~~~~

양념

다진 마늘	1큰술
간장	2큰술
굴소스	1큰술
올리고당	2큰술
다진 생강	1작은술
후춧가루	약간

재료 손질해 준비하기

1
작은 볼에 양념 재료를 넣고 섞는다. 소고기는 한입 크기로 썰어 양념 1/2 분량을 넣어 재운다. 가지는 어슷 썰어 굵은 소금(1큰술)에 10분간 절여 물기를 꼭 짠다.

중간 불 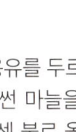 1분 → 센 불 3분

2
달군 팬에 식용유를 두르고 중간 불에서 편 썬 마늘을 넣어 1분간 볶다가 센 불로 올려 소고기를 넣고 3분간 볶는다.

센 불 1분 → 1분 → 완성하기

3
물기 짠 가지와 양파, 홍고추를 넣어 1분, 남은 양념을 넣어 1분간 볶는다. 불을 끄고 참기름, 쪽파, 참깨를 넣는다.

카레
*** —

싫어하는 채소도 카레에 넣으면 맛있어지는 마법이 있어요. 담백하게 먹고 싶다면 닭가슴살을 사용하거나, 소고기를 넣어 비프 카레로 즐겨도 좋답니다.

30분   4인분

READY

돼지고기	300g
감자	2개
양파	1개
당근	1/2개
호박	1/3개
파프리카	1/3개
고형카레	4조각
물	2와 1/2컵(500ml)
버터	2큰술

1

재료 손질해 준비하기

돼지고기, 감자, 양파, 당근, 호박, 파프리카를 깍둑 썬다.

2

중간 불 🔥🔥🔥 3분 → 10분

달군 냄비에 버터를 넣어 녹인 후 돼지고기, 감자, 양파, 당근, 호박, 파프리카를 넣어 중간 불에서 3분간 볶는다. 물을 넣고 뚜껑을 닫아 10분간 끓인다.

3

중간 불 🔥🔥🔥 3분 → 중약 불 🔥🔥 5분

고형카레를 넣고 저어가며 3분, 걸쭉한 농도가 되면 중약 불로 줄여 5분간 끓인다.

아귀찜

***

외식으로 자주 찾는 메뉴인 아구찜은 막상 나가서 먹으려면 콩나물만 가득한 느낌이 들어요. 집에서 직접 만들면 아귀살이 가득한 아귀찜을 완성할 수 있답니다.

40분   3~4인분

READY

아귀	1마리(손질한 것)
새우	5마리(손질한 것)
콩나물(찜용)	1봉지
미나리	1줌
대파	20cm
홍고추	1개
식용유	2큰술
된장	2큰술
참기름	적당량
참깨	적당량

전분물

전분	2큰술
다시 국물	1/2컵
	(100m, 66p 참고)

양념

설탕	1과 1/2큰술
고춧가루	5~7큰술
다진 마늘	3큰술
간장	3큰술
국간장	1큰술
미림	1큰술
참치액	1큰술
다진 생강	1작은술
후춧가루	약간

1

재료 손질해 준비하기

아귀를 씻어 체에 밭쳐 굵은 소금(2큰술)을 뿌린다. 미나리는 줄기만 5cm 길이로 썬다. 대파, 홍고추는 어슷 썬다. 작은 볼에 양념 재료를 넣고 섞는다.

2

센 불  5분 → 섞기

끓는 물(5컵)에 된장을 넣고 아귀를 넣어 센 불에서 5분간 데쳐 건진 후 팬에 식용유를 두르고 데친 아귀, 양념 2/3 분량을 넣고 섞는다.

3

중간 불 10분 → 완성하기

새우, 콩나물, 나머지 양념을 넣고 뚜껑을 덮어 중간 불에서 10분간 찌고 미나리, 대파, 홍고추를 넣고 전분물을 넣어 섞는다. 불을 끄고 참기름, 참깨를 뿌린다.

함박스테이크
***

아이들이 정말 좋아하는 메뉴에요. 달걀프라이를 얹거나 치즈를 얹어 내도 맛있어요. 냉동실에 넣어두면 비상식량으로도 요긴하답니다. 빵에 끼우면 간단한 수제 햄버거도 만들 수 있어요.

40분   2~3인분

READY

돼지고기 다짐육	600g
(또는 소고기 다짐육 300g + 돼지고기 다짐육 300g)	
다진 양파	1개분
다진 당근	1/4개분
송송 썬 쪽파	5줄기분
빵가루	3큰술
다진 마늘	1큰술
토마토케첩	3큰술
굴소스	1큰술
소금	1작은술
다진 생강	1/2작은술
후춧가루	약간
달걀	2개
식용유	적당량

RECIPE TIP

함박스테이크에 치즈나 달걀 프라이를 올리고 채소와 시판 소스를 곁들이면 간단한 일품요리가 완성돼요. 소분한 함박스테이크는 1개씩 개별 포장해 냉동 보관해도 좋아요..

1

센 불 🔥🔥🔥🔥 3분

달군 팬에 식용유를 두르고 다진 양파를 센 불에 3분간 볶아 수분을 날린다.

2

반죽 빚기

볼에 식용유를 제외한 모든 재료를 넣고 반죽해 동글 납작하게 만든다.

Tip. 고기가 익으면 수축되고 두께가 올라가니 감안해서 모양을 잡아주세요.

3

중간 불 🔥🔥🔥 → 중약 불 🔥🔥

팬에 식용유를 두르고 중간 불에서 앞뒤로 노릇노릇하게 굽고 겉면이 익으면 중약 불로 줄여 속까지 다 익힌다.

Tip. 두께에 따라 굽는 시간이 달라져요. 속이 잘 익을 수 있도록 완전히 구워주세요.

주꾸미 버섯전골

***

국이나 찌개보다 좀더 근사한 요리를 원하신다면 전골이 제격이죠. 특히 주꾸미와 버섯, 두부를 나란히 담고 식탁에서 바로 조리해 먹으면 눈도 입도 즐겁답니다.

30분 2~3인분

READY

주꾸미	300g(손질한 것)
모둠버섯	100g
두부	1/2모
콩나물	2줌
쑥갓	1줌
대파	20cm
홍고추	1개
청양고추	1개
다시 국물	4컵
	(800ml, 66p 참고)

양념

고춧가루	3큰술
다진 마늘	2큰술
국간장	2큰술
참치액	1큰술
맛술	2큰술
다진 생강	1작은술
후춧가루	약간
소금	약간

RECIPE TIP

주꾸미는 밀가루 2큰술, 굵은 소금 1큰술을 넣고 주물러 준 후 머리를 뒤집어 내장을 제거해 손질해요.

재료 손질해 준비하기

1

모둠버섯(느타리버섯, 새송이버섯, 표고버섯, 팽이버섯)은 한입 크기로 손질한다. 두부는 한입 크기로 썰고 쑥갓은 줄기를 제거한다. 대파, 청양고추, 홍고추는 어슷 썬다.

센 불 🔥🔥🔥🔥 5분

2

전골 냄비에 콩나물, 양념 재료, 다시 국물을 넣어 센 불에서 5분간 끓인다.

중간 불 🔥🔥🔥 5분 → 완성하기

3

모둠버섯, 두부, 손질한 주꾸미를 넣어 중간 불에서 5분간 더 끓인 후 대파, 홍고추, 청양고추, 쑥갓을 올린다.

해파리냉채

✱✱✱

잔치 음식에 꼭 등장하는 메뉴인 해파리냉채입니다. 냉채는 손이 가는 번거로움은 있지만 톡 쏘는 감칠맛이 입맛을 사로 잡는 메뉴랍니다. 해파리 손질만 잘해두면 오히려 간단한 요리이기도 해요.

20분 **3~4인분**
+ 숙성 1시간

READY

해파리	250g(손질한 것)
생새우살	200g
오이	1개
파프리카	1/2개
양파	1/2개
당근	1/3개

겨자 소스

설탕	2큰술
다진 마늘	1큰술
간장	2큰술
식초	1큰술
레몬즙	1큰술
연겨자	1큰술
참기름	1큰술
소금	약간

RECIPE TIP

해파리는 소금기를 씻고 찬물에 1시간 정도 담가 짠기를 뺀 후 약 80℃의 물에 해파리를 살짝 데쳐 찬물에 3번 이상 씻어 해파리 특유의 냄새를 없애주세요.

1

밑간하기 → 소스 만들기

손질한 해파리에 밑간 재료(설탕 3큰술 + 식초 6큰술 + 소금 약간)를 넣고 버무려 냉장실에서 1시간 동안 숙성한다. 작은볼에 겨자 소스 재료를 넣고 섞는다.

2

재료 손질해 준비하기

생새우살은 끓는 물에 소금(1큰술)을 넣고 데쳐 건진다. 오이는 5cm 길이로 썬 후 돌려깎아 채 썰고, 파프리카, 양파, 당근도 채 썬다.

3

완성하기

그릇에 모든 재료를 돌려 담고 먹기 직전 겨자 소스를 붓는다.

찜닭
*** ─

아이들도 즐겨 먹을 수 있는 메뉴예요. 저희 집은 안동찜닭 스타일로 납작 당면을 넣는데, 아이들이 참 좋아해요. 외식 못지 않은 푸짐한 비주얼에 가족의 시선과 입맛까지 사로잡으실 거예요.

40분 2~3인분
+ 당면 불리기 1시간

READY

볶음탕용 닭	1마리(900g)
감자	2개
당근	1/2개
양파	1개
시금치	1줌(80g)
대파	20cm
베트남고추	10개
불린 납작 당면	1줌(100g)
후춧가루	약간
다시마	5조각
물	3컵(600ml)

양념

흑설탕	2와 1/2큰술
다진 마늘	2큰술
간장	3큰술
굴소스	1큰술
다진 생강	1/2작은술

RECIPE TIP

볶음탕용 닭은 끓는 물에 짧게 데쳐 불순물을 씻어 준비해요. 양념은 2/3분량만 먼저 넣은 후 입맛에 맞게 추가해요.

1

재료 손질해 준비하기

볼에 양념 재료를 넣고 섞는다. 감자, 당근은 납작하게 썰고 양파는 6등분하고 대파는 큼직하게 썬다.

2

센 불 🔥🔥🔥🔥 15분

냄비에 손질한 볶음탕용 닭, 물, 다시마, 양념 재료를 넣어 센 불에서 15분간 끓여 다시마를 건진다.

3

중간 불 🔥🔥🔥 10분 → 3분

감자, 당근, 양파, 베트남고추, 남은 양념을 넣어 중간 불에서 10분, 불린 납작 당면, 시금치, 대파, 후춧가루를 넣어 3분간 끓인다.

Tip. 베트남고추대신 청양고추를 넣어도 좋아요.

황태구이

황태를 초벌하고 양념장을 묻혀 약한 불에 노릇하니 구워보세요. 속살에 양념이 쏙 배어 고기는 저리 가라 할 정도로 맛있답니다.

20분　 2~3인분

READY

구이용 황태	2마리
채 썬 양파	적당량
쪽파	3줄기
전분가루(또는 밀가루)	2큰술
들기름	2큰술
참깨	1큰술

양념

고춧가루	1큰술
다진 마늘	1큰술
간장	2큰술
맛술	2큰술
올리고당	2큰술
고추장	2큰술
다진 생강	약간
후춧가루	약간

RECIPE TIP

과정 ③에서 황태가 다 구워지면 팬에 들기름(약간)을 두르고 채 썬 양파를 깐 후 황태를 올려 내도 좋아요. 양파의 양은 기호에 따라 가감해요.

1

재료 손질해 준비하기

황태는 흐르는 물에 씻어가며 불리고 체에 밭친다. 쪽파는 송송 썬다. 볼에 양념 재료를 넣고 섞는다.

2

중간 불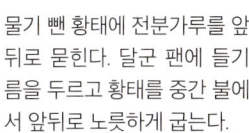

물기 뺀 황태에 전분가루를 앞뒤로 묻힌다. 달군 팬에 들기름을 두르고 황태를 중간 불에서 앞뒤로 노릇하게 굽는다.

3

약한 불 → 완성하기

황태가 구워지면 양념을 발라가며 약한 불에서 한번 더 구운 후 양파를 깔고 참깨, 쪽파를 뿌린다.

등갈비 김치찜

***

잘 익은 김치에 등갈비를 넣고 푹 고아 만든 등갈비 김치찜입니다. 김치찜에 들어가는 김치는 손으로 쭉쭉 찢어 갓 지은 밥에 올려 먹는 게 제 맛이지요. 등갈비는 뼈를 절단한 고기라 미세한 뼛가루가 있을 수 있으니 초벌 삶기 잊지 마세요.

40분 **3~4인분**
+ 핏물빼기 30분

READY

등갈비	500g
묵은지	1쪽(500g)
납작 썬 두부	1/2모
양파	1개
대파	20cm
홍고추	1개
통후추	20알
월계수잎	5장
설탕	1큰술
다진 마늘	2큰술
미림	2큰술
다시 국물	3컵

(600ml, 66p 참고)

1

등갈비는 찬물에 담가 30분 간 핏물을 뺀다. 양파는 채 썰고 대파, 홍고추는 어슷 썬다.

재료 손질해 준비하기

2

끓는 물에 통후추, 월계수잎, 등갈비를 넣고 살짝 데친 후 찬물로 헹군다.

센 불

3

냄비에 양파를 깔고 묵은지, 데친 등갈비, 설탕, 다진 마늘, 미림, 다시 국물을 넣어 중간 불에서 20분, 두부, 대파, 홍고추를 넣고 5분간 끓인다.

중간 불 20분 → 5분

PART 2

다시 국물 만들기

국물 요리의 맛을 좌우하는 다시 국물 만들기입니다. 다시 국물은 국물 요리 및 나물 요리에 두루두루 사용되니 미리 만들어 놓으면 다양한 요리에 활용하기 좋답니다. 미리 만들어두기 번거롭다면 1회용 다시팩에 분량의 재료를 담아 소분해두면 더 편리하게 사용할 수 있어요. 다시 국물을 물로 대체할 경우 국간장 1작은술을 넣어 간을 더 해주세요.

재료
디포리 3마리(손질한 것)
국물용 멸치 5마리(손질한 것)
다시마 3장
건새우 1줌
물 5컵(1L)

1. 냄비에 모든 재료를 넣고 센 불에서 10분간 끓인다.
2. 다시마는 건져내고 중간 불에서 10분간 더 끓인다.
3. 체에 걸러 건더기는 건지고 국물만 따로 밀폐 용기에 넣어 냉장 보관한다.

Tip. 국물용 멸치는 내장을 제거한 후 사용해야 더 깔끔한 맛이 나요. 깨끗하게 세척한 파뿌리를 말려 넣거나 건표고버섯 등을 우려내도 좋아요.

__식탁이
정갈해진다

오늘도
맛있는
국물 요리

* * *

잘 차려진 밥상에서 빠지면 섭섭한 국물 요리입니다. 정갈하게 끓여낸 국과 찌개는 식탁의 한편에서 존재감을 드러내지요. 국물 요리에서 가장 중요한 것은 국물의 맛. 저는 다시 국물을 기본 베이스로 사용해 과정은 줄이고 빠르게 끓여도 깊이 있는 국물 맛을 냈답니다. 국을 끓일 때는 재료는 간단하게, 빠른 시간 안에 힘들임 없이 끓이는 게 좋지요. 세 가지 과정만으로 국물 요리를 완전 정복해보세요.

달걀 감자국

***

달걀 감자국은 제가 어렸을 때부터 먹던 추억의 국이랍니다. 가벼운 국이기 때문에 입맛이 없을 때도 부담 없고, 재료가 간단해서 더 매력적이지요. 아이가 먹는다면 홍고추와 후춧가루는 빼주세요.

20분　**2~3인분**

READY

달걀	2개
감자	2개
양파	1/2개
대파	10cm
홍고추	1개
다진 마늘	1큰술
국간장	1큰술
참치액	1큰술
소금	약간
후춧가루	적당량
참기름	적당량
다시 국물	4컵

(800ml, 또는 물, 다시팩)

RECIPE TIP

다시팩을 사용했다면 달걀물을 붓기 전 다시팩을 꺼내요.

1

재료 손질해 준비하기

감자는 납작하게 썰고 양파는 채 썰고 대파, 홍고추는 송송 썬다. 볼에 달걀을 넣고 푼다.

2

센불 → 중간 불

냄비에 다시 국물을 넣고 센 불에서 끓어오르면 감자, 양파를 넣고 감자가 익으면 중간 불로 줄인다.

3

중간 불 → 완성하기

다진 마늘, 국간장, 참치액, 소금을 넣고 달걀물을 둘러 붓는다. 대파, 홍고추, 후춧가루, 참기름을 넣고 불을 끈다.

Tip. 달걀물을 붓고 빠르게 섞으면 달걀이 풀어져 깔끔하지 않으니 달걀이 떠오를 때까지 기다려요.

부추 새우탕

✱✱✱ ────

새우에 부추를 듬뿍 넣어 시원한 감칠맛이 끝내주는 새우탕이랍니다. 부추는 구매 단위가 큰 채소 중 하나인데, 이렇게 처치곤란인 부추가 있다면 전 외에도 다양한 요리로 즐길 수 있답니다.

20분 **2~3인분**

READY

생새우살	20개(중간 크기)
부추	1/2줌
양파	1/2개
대파	10cm
홍고추	1개
고춧가루	2큰술
다진 마늘	1큰술
국간장	2큰술
새우젓	1작은술
후춧가루	적당량
다시 국물	4컵

(800ml, 또는 물, 다시팩)

재료 손질해 준비하기

1

생새우살은 소금물(물 1컵 + 소금 1큰술)에 씻은 후 체에 받쳐 물기를 뺀다. 부추는 4cm 크기로 썰고, 양파는 채 썬다. 대파, 홍고추는 송송 썬다.

센불 🔥🔥🔥🔥 5분

2

냄비에 다시 국물을 넣고 센불에서 끓어오르면 생새우살, 양파, 고춧가루, 다진 마늘, 국간장, 새우젓을 넣고 5분간 끓인다.

중간 불 🔥🔥🔥 → 완성하기

3

부추, 대파, 홍고추, 후춧가루를 넣어 한소끔 끓인다.

어묵국
***

겨울철 따뜻한 국물이 생각날 때 어묵과 무를 듬뿍 넣어 끓여보세요. 오랫동안 끓이지 않아도 되니 바쁜 날 끓이기 좋은 국이랍니다.

15분   2인분

READY

어묵	5장(손질한 것)
무	1/4개
쑥갓	1줌
대파	10cm
홍고추	1개
다진 마늘	1큰술
국간장	2큰술
소금	약간
후춧가루	약간
다시 국물	5컵(1L)

RECIPE TIP

어묵은 적당한 크기로 썰어 체에 담고 끓는 물에 담가 흔든 후 바로 건져내요. 이 과정을 거쳐야 기름기와 불순물을 제거할 수 있답니다.

재료 손질해 준비하기

1. 손질한 어묵은 흐르는 물에 헹궈 물기를 뺀다. 무는 나박하게 썰고, 대파, 홍고추는 어슷 썬다. 쑥갓은 줄기를 제거한다.

중간 불 10분

2. 냄비에 다시 국물, 다진 마늘, 국간장, 소금, 무를 넣고 중간 불에서 10분간 끓인다.

중간 불 → 완성하기

3. 어묵을 넣고 끓어오르면 대파, 홍고추, 후춧가루를 넣는다. 그릇에 나눠 담고 쑥갓을 올린다.

얼큰 소고기무국

✱✱✱

맑은 소고기국도 맛있지만 얼큰한 경상도식 소고기무국도 매력적이랍니다. 토란대가 있다면 넉넉하게 넣어 얼큰하고 칼칼하게 끓여놓으면 예전 장에서 먹던 장터국밥이 떠오를 거예요.

35분 2~3인분

READY

소고기 양지	150g
무	1/4개
대파	10cm
홍고추	1개
들기름	2큰술
후춧가루	약간
다시 국물	4컵(800ml)

양념

고춧가루	2큰술
국간장	2큰술
참치액	1큰술
소금	약간

1

재료 손질해 준비하기

소고기는 한입 크기로 썰고, 무는 나박하게 썬다. 대파, 홍고추는 어슷 썬다.

2

중간 불 🔥🔥🔥

냄비에 들기름을 두르고 중간 불에서 소고기, 무를 넣고 겉면이 익을 때까지 볶는다.

3

중간 불 🔥🔥🔥 20분 → 3분

다시 국물, 양념 재료를 넣고 20분, 대파, 홍고추, 후춧가루를 넣어 3분간 끓인다.

시금치된장국
✱✱✱

냉장고에 마땅한 재료가 없을 때도 간단하고 쉽게 끓일 수 있는 국입니다. 겨울철 시금치는 특히나 단맛이 있어 끓여놓으면 바쁜 아침 한 그릇 말아 먹기에도 부담 없고 따뜻하게 속을 달랠 수 있답니다.

25분   2인분

READY

소고기 양지	200g
시금치	1/2단(150g)
대파	10cm
청양고추	2개
홍고추	1개
된장	2큰술
고춧가루	1큰술
다진 마늘	1큰술
들기름	2큰술
후춧가루	약간
다시 국물	5컵(1L)

재료 손질해 준비하기

1

소고기는 0.3cm 두께로 썬다. 대파, 청양고추, 홍고추는 어슷 썬다.

센 불 🔥🔥🔥🔥 2분 → 중간 불 🔥🔥🔥 10분

2

냄비에 들기름을 두르고 고춧가루, 다진 마늘, 소고기를 넣어 센 불에서 2분간 볶은 후 다시 국물을 부어 중간 불에서 10분간 끓인다.

중간 불 🔥🔥🔥 5분 → 1분

3

된장을 풀고 손질한 시금치를 넣어 5분, 대파, 청양고추, 홍고추, 후춧가루를 넣어 1분간 더 끓인다.

참치 김치찌개

돼지고기 넣은 김치찌개도 맛있지만 집에 있는 통조림을 이용한 참치 김치찌개 그 맛 또한 명품이죠 언제나 특별한 재료 없이 끓일 수 있어서 자주 만들게 되는 것 같아요.

20분   2~3인분

READY

송송 썬 익은 김치	1/4쪽분
참치 통조림	1캔
두부	1/2모
대파	20cm
홍고추	1개
다진 마늘	1큰술
국간장	1큰술
들기름	2큰술
다시 국물	4컵(800ml)

RECIPE TIP

김치의 신맛이 강하다면 다시 국물을 넣을 때 설탕 1큰술을 넣어요.

재료 손질해 준비하기

1

두부는 한입 크기로 썰고, 대파, 홍고추는 어슷 썬다.

중간 불  10분

2

냄비에 들기름, 송송 썬 익은 김치, 다진 마늘을 넣어 중간 불에서 충분히 볶은 후 다시 국물, 국간장을 넣고 10분간 끓인다.

중간 불 → 완성하기

3

두부, 참치 통조림을 넣고 한소끔 끓인 후 대파, 홍고추를 넣는다.

감자짜글이
***

처치곤란 감자가 있을 때 숭덩숭덩 감자를 썰어 포슬포슬하게 졸여보세요. 국물이 자작한 스타일의 찌개라 밥에 으깨 먹으면 정말 맛있어요.

25분 2~3인분

READY

스팸	1캔(200g)
감자	2개
양파	1개
대파	10cm
홍고추	1개
다시 국물	2와 1/2컵(500ml)

양념

설탕	1큰술
고춧가루	2큰술
다진 마늘	1큰술
간장	2큰술
참치액	1큰술
고추장	1큰술
된장	1/2큰술

1

재료 손질해 준비하기

위생비닐에 스팸을 넣고 으깬다. 감자, 양파는 깍둑 썰고 대파, 홍고추는 송송 썬다.

2

센 불 🔥🔥🔥🔥 7분

냄비에 대파, 홍고추를 제외한 모든 재료와 양념 재료를 넣고 센 불에서 7분간 끓인다.

3

중간 불 🔥🔥🔥 → 완성하기

대파, 홍고추를 넣어 중간 불에서 한소끔 더 끓인다.

콩나물국

***

가장 기본이지만 맛있게 끓이기 어려운 국으로 손꼽히는 콩나물국이에요. 다시 국물을 사용하면 더 깊고 시원한 맛을 낼 수 있답니다.

15분　**2~3인분**

READY

콩나물	1/2봉지
쪽파(또는 대파)	3줄기
홍고추	1개
청양고추	1개
다진 마늘	1큰술
국간장	2큰술
참치액	1큰술
다시 국물	4컵(800ml)

1

재료 손질해 준비하기

콩나물을 깨끗이 씻어 물기를 뺀다. 쪽파, 홍고추, 청양고추는 송송 썬다.

2

센 불 🔥🔥🔥🔥 5분

냄비에 다시 국물, 다진 마늘, 국간장, 참치액을 넣고 끓어오르면 콩나물을 넣어 뚜껑을 연 채로 센 불에서 5분간 끓인다.

3

완성하기

불을 끄고 쪽파, 홍고추, 청양고추를 넣는다.

건새우 근대국
✳✳✳
비타민과 무기질이 풍부한 근대는 쌈으로 먹어도
좋은 채소지만 된장을 풀어 국으로도 많이 먹어요.
영양 만점 근대에 건새우를 넣어 시원하고 달큰한
된장국을 끓여보세요.

15분　2~3인분

READY

근대	1단(200g)
두부	1/2모
건새우	1줌(25g)
대파	10cm
홍고추	1개
고춧가루	1큰술
된장	2큰술
다진 마늘	1/2작은술
참치액	1작은술
다시 국물	5컵(1L)

재료 손질해 준비하기

1 근대를 4cm 너비로 썬다. 두부는 깍둑 썰고 대파, 홍고추는 어슷 썬다.

중간 불 🔥🔥🔥 5분

2 냄비에 다시 국물, 된장을 넣고 푼 후 끓어오르면 근대, 건새우, 고춧가루, 다진 마늘, 참치액을 넣어 중간 불에서 5분간 끓인다.

중간 불 🔥🔥🔥 1분 → 완성하기

3 두부, 대파, 홍고추를 넣어 1분간 더 끓인다.

콩비지찌개

남편이 가장 좋아하는 찌개 중 하나로 별미로 불러요. 찌개 하나만 있어도 밥 한 공기가 뚝딱 사라지는 마법 같은 요리죠. 콩비지는 마트에서 구매해도 좋고, 단골 두부 가게가 있다면 더 고소한 콩비지를 구입할 수 있답니다.

30분   2~3인분

READY

콩비지	2컵(320g)
익은 김치	300g
다진 돼지고기	200g
대파	20cm
홍고추	1개
다진 마늘	1큰술
국간장	1큰술
들기름	2큰술
다시 국물	4컵(800ml)

RECIPE TIP

모자란 간은 새우젓이나 김치국물로 해주세요. 두부집에서 구매한 것이 아닌 시판 콩비지는 묽기 때문에 다시 국물의 양을 2~3컵(400~600ml)으로 줄여 사용해요. 또는 콩비지 대신 믹서기에 불린콩 2와 1/2컵과 동량의 다시국물을 넣고 곱게 간 후 과정③에 넣어 끓이면 더 진한맛의 콩비지찌개를 만들수 있어요.

재료 손질해 준비하기

1 익은 김치는 송송 썰고 대파, 홍고추는 어슷하게 썬다.

중간 불 3분 → 3분

2 냄비에 들기름을 두르고 다진 마늘, 다진 돼지고기를 넣어 중간 불에서 3분, 익은 김치를 넣고 3분간 볶는다.

중간 불 5분 → 완성하기

3 다시 국물을 붓고 센 불에서 5분, 콩비지를 넣고 저어가며 중간 불에서 5분, 국간장, 대파, 홍고추를 넣어 불을 끈다.

황태국

✳✳✳

해장국으로 좋은 황태국입니다. 무를 듬뿍 넣어 시원한 맛을 더하고 고소한 두부도 넣어보세요. 따듯한 한 그릇에 속이 편해지고 영양도 챙길 수 있어요.

25분   3인분

READY

황태채	200g
무	1/4개
달걀	3개
대파	10cm
홍고추	1개
국간장	2큰술
참치액	1큰술
소금	약간
들기름	2큰술
후춧가루	약간
다시 국물	5컵(1L)

재료 손질해 준비하기

1

무는 채 썰고 대파, 홍고추는 어슷 썬다. 황태채는 흐르는 물에 헹궈 물기를 꼭 짠다. 볼에 달걀을 넣고 푼다.

중간 불 3분 → 10분

2

달군 냄비에 들기름을 두르고 황태, 무를 넣어 중간 불에서 3분간 볶다가 다시 국물, 국간장, 참치액, 소금을 넣고 10분간 끓인다.

중간 불 완성하기

3

냄비 가장자리에 달걀물을 둘러 붓고 대파, 홍고추, 후춧가루를 넣어 중간 불에서 가만히 둔 후 한소끔 끓어 오르면 달걀을 살살 푼다.

청국장찌개

※※※

늘 먹던 된장찌개가 지겹다면 청국장찌개 어떠세요? 된장보다 구수한 냄새와 씹히는 콩의 식감이 좋은 찌개랍니다.

20분   2인분

READY

송송 썬 익은 김치	1컵(200g)
두부	1/2모
청국장	1덩이
된장	1큰술
애호박	1/2개
감자	1/2개
양파	1/2개
대파	10cm
청양고추	2개
홍고추	1개
다시 국물	4컵(800ml)

RECIPE TIP

청국장과 된장은 염도에 따라 간이 달라지니 싱거우면 국간장이나 참치액을 넣어 간을 맞춰요.

재료 손질해 준비하기

1 두부는 깍둑 썬다. 애호박, 감자, 양파는 부채꼴로 썰고 대파, 청양고추, 홍고추는 송송 썬다.

중간 불 5분

2 냄비에 다시 국물, 송송 썬 익은 김치, 청국장, 된장을 넣어 중간 불에서 끓어오르면 애호박, 감자, 양파를 넣고 5분간 끓인다.

중간 불 3분 → 1분 → 완성하기

3 두부를 넣고 3분, 대파, 청양고추, 홍고추를 넣어 1분간 끓인다.

애호박 고추장찌개

달콤한 애호박은 가격도 저렴하고 사계절 즐길 수 있는 식재료라 더 좋아요. 고추장을 넣고 바글바글 끓인 찌개를 밥에 올려 먹으면 세상이 행복해지는 기분이랍니다.

30분 2~3인분

READY

돼지고기(찌개용)	300g
두부	1/3모
애호박	1개
감자	1개
양파	1/2개
대파	10cm
청양고추	2개
홍고추	1개
들기름	2큰술
다시 국물	4컵(800ml)

~~~~~~

양념

고춧가루	1큰술
다진 마늘	1큰술
새우젓	1큰술
참치액	1큰술
고추장	3큰술

재료 손질해 준비하기

1. 돼지고기는 한입 크기로 썬다. 두부는 깍둑 썰고 애호박, 감자는 반달 모양으로 썬다. 양파는 채 썰고 대파, 청양고추, 홍고추는 어슷 썬다.

중간 불 3분 → 10분

2. 달군 냄비에 들기름을 두르고 돼지고기를 넣어 중간 불에 3분간 볶은 후 다시 국물을 부어 10분간 끓인다.

중간 불 5분 → 3분 → 완성하기

3. 애호박, 감자, 양파, 양념 재료를 넣고 중간 불에서 5분, 두부를 넣어 3분간 끓인 후 대파, 청양고추, 홍고추를 넣는다.

오이냉국
✱✱✱

여름철 별미는 뭐니 뭐니 해도 오이냉국이 아닐까 싶어요. 더운 여름 불 없이도 만들 수 있는 메뉴죠. 여름철 더위 많이 타는 남편을 위해 만들어보세요.

15분 2~3인분

READY

오이	1개
마른 미역	1줌
청양고추	2개
홍고추	1개
참깨	1큰술
생수	5컵(1L)

~~~~~~~~~~

양념

설탕	4큰술
소금	1큰술
다진 마늘	1큰술
식초	5큰술
국간장	1큰술

RECIPE TIP

오이냉국을 먹을 때는 얼음을 넣어 시원하게 먹어요.

재료 손질해 준비하기

1 마른 미역은 찬물에 담가 10분간 불린다. 작은 볼에 양념 재료를 넣고 섞는다. 오이는 채 썬 후 굵은 소금(약간)을 뿌려 살짝 절인다. 청양고추, 홍고추는 송송 썬다.

미역 무치기

2 미역은 씻어 물기를 꼭 짠 후 6등분하고 양념 2큰술을 넣어 조물조물 무친다.

완성하기

3 그릇에 오이, 청양고추, 홍고추, 무친 미역을 넣고 남은 양념을 넣은 뒤 생수를 붓고 참깨를 으깨 넣는다.

된장찌개
***

한국인이라면 누구나 좋아하는 된장찌개. 발효음식은 장수의 비결이라고 하지요. 무얼 먹을지 생각나지 않을 때 된장찌개는 늘 옳은 선택이지요. 무를 넣으면 더욱 시원한 맛을 낸답니다.

20분 　2~3인분

READY

두부	1/2모(200g)
무	3cm너비 1토막
호박	1/2개
양파	1/2개
대파	10cm
청양고추	2개
홍고추	1개
고춧가루	1큰술
된장	5큰술
다시 국물	4컵(800ml)

RECIPE TIP

냉이, 바지락, 차돌박이 등을 손질해서 넣어주면 색다른 맛의 된장찌개를 만들 수 있어요. 된장의 염도는 집집마다 다르니 된장의 양은 기호에 맞게 조절해요.

재료 손질해 준비하기

1 무, 호박은 나박하게 썰고 양파, 두부는 깍둑 썬다. 대파, 청양고추, 홍고추는 어슷 썬다.

중간 불 🔥🔥🔥 10분

2 냄비에 다시 국물, 된장을 넣어 풀고 호박, 무, 양파를 넣어 중간 불에서 10분간 끓인다.

중간 불 🔥🔥🔥 3분

3 두부, 대파, 청양고추, 홍고추를 넣어 3분간 끓인다

명란젓찌개

***

짭조름한 밥도둑 명란젓은 그냥 먹어도 맛있지만 익혀 먹으면 고소한 맛이 배가 되어 더 맛있게 즐길 수 있어요 특히 DHA와 EPA가 많아 영양이 풍부해서 반찬으로도 해장용으로도 참 좋아요.

20분　**2~3인분**

READY

명란	3개(250g)
두부	1/2모
양파	1/2개
애호박	1/3개
대파	10cm
홍고추	1개
청양고추	1개
고춧가루	1큰술
다진 마늘	1큰술
국간장	1큰술
참치액	1큰술
후춧가루	약간
다시 국물	4컵(800ml)

1

재료 손질해 준비하기

두부, 양파는 깍둑 썰기하고 애호박은 부채꼴 모양으로 썬다. 대파, 홍고추, 청양고추는 어슷 썬다. 명란은 송송썬다.

2

센불 🔥🔥🔥🔥

냄비에 다시 국물을 넣고 센불에 올려 끓어오르면 고춧가루, 다진 마늘, 국간장, 참치액, 양파, 애호박을 넣는다.

3

센불 🔥🔥🔥🔥 2분 → 완성하기

끓어오르면 명란, 두부를 넣고 2분간 끓인 후 대파, 홍고추, 청양고추, 후춧가루를 넣어 한소끔 끓인다.

Tip. 명란을 넣고 간을 본 후 싱거울 경우 국간장, 참치액을 더 해요.

차돌박이 순두부찌개
***

순두부찌개는 보통 바지락이나 해산물을 많이 넣는데, 차돌박이를 넣으면 별미처럼 먹을 수 있어요. 차돌박이가 깊고 진한 맛을 내서 감칠맛이 끝내준답니다.

20분　**2~3인분**

READY

차돌박이	200g
순두부	1팩
달걀	1개
양파	1/2개
애호박	1/3개
팽이버섯	1봉
송송 썬 대파	적당량
송송 썬 홍고추	1개분
들기름	2큰술
고춧가루	2큰술
참기름	1큰술
다시 국물	3컵(600ml)

밑간
소금	약간
후춧가루	약간

양념
다진 마늘	1큰술
국간장	2큰술
참치액	1큰술
다진 생강	1/2작은술
소금	약간

1

재료 손질해 준비하기

차돌박이에 소금, 후춧가루를 뿌려 밑간한다. 팽이버섯은 밑동을 제거하고 양파, 애호박은 부채 모양으로 썬다.

2

센 불 3분 → 2분

냄비에 들기름을 두르고 고춧가루를 넣어 약한 불에서 볶아 기름을 내고 차돌박이를 넣고 센 불에서 볶다가 양념 재료, 양파, 호박을 넣어 2분간 볶는다.

3

센 불 3분 → 완성하기

다시 국물을 넣고 끓어오르면 순두부를 갈라 넣고 3분, 송송 썬 대파, 홍고추, 팽이버섯, 달걀을 넣고 불을 끈다. 참기름을 넣는다.

동태찌개

***

시원하고 칼칼한 동태찌개는 추운 겨울 더욱 사랑 받는 메뉴지요. 비린내 안 나는 시원한 국물로 가족의 입맛을 사로잡아 보세요.

25분 2~3인분

READY

동태(손질한 것)	1마리
두부	1/2모
콩나물	2줌
무	1/4개
양파	1/2개
당근	1/4개
어슷 썬 대파	10cm분
어슷 썬 청양고추	2개분
어슷 썬 홍고추	1개분
후춧가루	약간
다시 국물	5컵(1L)

양념

고춧가루	4큰술
다진 마늘	3큰술
국간장	1큰술
참치액	1큰술
된장	1/2큰술
소금	약간
다진 생강	1/2 작은술

RECIPE TIP

동태는 손질된 것을 구입해 굵은 소금 1큰술을 뿌려 체에 밭쳐둔 후 사용해요.

1

재료 손질해 준비하기

동태는 손질해 준비한다. 무는 나박하게 썰고 당근은 반달 썰기한다. 양파는 채 썰고 두부는 도톰하게 썬다. 작은 볼에 양념 재료를 넣고 섞는다.

2

센불 10분

냄비에 다시 국물, 무를 넣고 끓어오르면 양념 2/3 분량을 넣어 동태, 당근을 넣어 센 불에서 10분간 끓인다.

3

센불 5분 → 완성하기

콩나물, 두부를 넣어 5분간 끓인 후 어슷 썬 대파, 청양고추, 홍고추, 후춧가루를 넣는다.

부대찌개

가끔 부대찌개가 먹고 싶은 날이 꼭 있어요. 집에 있는 여러 가지 채소들을 추가하셔도 좋고, 당면, 우동, 라면, 떡, 만두 등 활용할 수 있는 재료를 몽땅 넣어도 좋아요. 푸짐하게 취향껏 즐겨보세요.

25분　**3~4인분**

READY

익은 김치	160g
돼지고기 다짐육	100g
후랑크소시지	3개
스팸(작은 것)	1캔
두부	1/2모
베이크드빈스	3큰술
대파	20cm
홍고추	1개
고기 국물	4컵(800ml)

양념

고춧가루	3큰술
다진 마늘	2큰술
간장	1큰술
참치액	1큰술
고추장	1큰술
후춧가루	약간

RECIPE TIP

김치의 간이 모두 다르기 때문에 양념은 2/3정도만 넣어 끓이고, 간을 본 후 싱거우면 여분의 양념을 추가해요.

재료 손질해 준비하기

1 후랑크소시지, 스팸, 두부는 납작하게, 대파, 홍고추는 어슷 썬다. 익은 김치는 송송 썬다. 작은 볼에 양념 재료를 넣고 섞는다.

재료 둘러 담기

2 전골 냄비에 양념을 제외한 모든 재료를 둘러 담는다.

센 불 🔥🔥🔥🔥 5분 → 중간 불 🔥🔥🔥 3분

3 고기 국물을 부어준 후 양념을 올려 끓어오르면 센 불에서 5분, 중간 불로 낮춰 3분간 끓인다.

Tip. 고기 국물은 시판 제품 또는 다시 국물로 대체 가능하다.

매생이 굴국

매생이와 굴의 조합은 바다를 통째로 가져다 놓은 맛이지요. 입안에서 향긋하게 퍼지는 바다내음을 즐겨보세요. 매생이는 요즘 동결 건조된 제품도 나오니 편리하게 사용할 수 있답니다.

15분   3인분

READY

재료	분량
매생이	200g
굴	200g
대파	10cm
홍고추	1개
다진 마늘	1큰술
국간장	2큰술
참치액	1큰술
다시 국물	4컵(800ml)

재료 손질해 준비하기

1 굴은 소금물에 씻어 체에 밭친다. 매생이는 소금물에 살살 흔들어 씻고 흐르는 물에 헹궈 체에 밭쳐 물기를 뺀다. 대파, 홍고추는 송송 썬다.

센 불 🔥🔥🔥🔥

2 냄비에 다시 국물, 다진 마늘, 국간장, 참치액을 넣고 센 불에서 끓어오르면 매생이를 흔들어가며 넣어 한소끔 끓인다.

센 불 🔥🔥🔥🔥 1분 → 완성하기

3 굴을 넣고 센 불에서 1분, 불을 끄고 대파, 홍고추를 넣는다.

Tip. 매생이가 잘 풀어지도록 저어가며 끓여요.

PART 3

식탁이
풍성해진다

오늘도
맛있는
일상 반찬

✳✳✳

매일 만들고 해 먹으면서도 또 매일 고민되는 것이 바로 반찬인 것 같아요. 잘 만든 저장 반찬이 있다면 며칠의 상차림이 편해지기도 하고, 특별한 재료 없이도 뚝딱 만들어내는 즉석 반찬이 있다면 요리가 더 쉬워지기도 하니까요. 반찬에서는 요리 옆에 있는 저장 아이콘을 활용하면 더 효율적으로 식단을 짤 수 있답니다. 다양한 반찬으로 식탁을 더욱 풍성하게 만들어보세요.

아삭 오이무침

✽ ✽ ✽

아삭아삭한 식감의 오이는 칼로리도 낮고 수분 함량도 높아서 건강에 좋아요. 여름철 김치가 질릴 때 오이무침을 겉절이처럼 무쳐 드세요.

20분 **저장 3회분**

READY

오이	2개
채 썬 양파	1/2개분
어슷 썬 홍고추	1개분
어슷 썬 청양고추	1개분
참깨	1큰술

양념

고춧가루	3큰술
다진 마늘	1/2큰술
식초	2큰술
간장	1큰술
올리고당	2큰술
참기름	1큰술

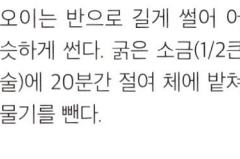

1

오이는 반으로 길게 썰어 어슷하게 썬다. 굵은 소금(1/2큰술)에 20분간 절여 체에 밭쳐 물기를 뺀다.

오이 절이기

2

큰 볼에 양념 재료를 넣고 섞는다.

재료 손질해 준비하기

3

볼에 절인 오이, 채 썬 양파, 어슷 썬 홍고추, 어슷 썬 청양고추를 넣고 무친 후 참깨를 뿌린다.

완성하기

모둠버섯무침
***

한가지 버섯을 사용해도 좋지만 모둠버섯을 사용하면 다양한 맛과 식감을 느낄 수 있어요. 담백한 맛에 젓가락이 가는 건강 반찬이랍니다.

15분 저장 **3회분**

READY

모둠버섯	300g
송송 썬 쪽파	적당량
소금	적당량
참기름	적당량
참깨	적당량

재료 손질해 준비하기

1

냄비에 버섯 데칠 물(4컵 + 소금 1큰술)을 끓인다. 모둠버섯(표고버섯, 새송이버섯, 느타리버섯)은 먹기 좋은 크기로 썬다.

센 불  1분

2

끓는 물에 모둠버섯을 넣어 센 불에서 1분간 데친다. 체에 밭쳐 물기를 빼고 완전히 식으면 모양이 흐트러지지 않게 물기를 짠다.

완성하기

3

볼에 데친 모둠버섯, 소금, 참기름, 참깨, 송송 썬 쪽파를 넣어 무친다.

아삭이고추무침
✱✱✱

초간단 밑반찬으로 된장으로 무쳐 구수한 맛이 일품인
아삭이고추무침이에요. 아이들이 유일하게 먹는 고추
요리기도 하고요. 맵지 않은 아삭이고추여도 아이들과
먹을 때는 고추의 맵기 정도를 미리 확인해주세요.

10분 **저장 3회분**

READY

아삭이고추 ·············· 5개
양파 ·············· 1/3개

~~~~~~~

양념

고춧가루 ·············· 1/2큰술
들깨가루 ·············· 1큰술
된장 ·············· 2큰술
올리고당 ·············· 1큰술
다진 마늘 ·············· 1작은술
참깨 ·············· 적당량
참기름 ·············· 적당량

RECIPE TIP

들깨가루가 없다면 빼도 좋아요. 조리법이 간단하니 드시기 전에 버무려 식탁에 내는 걸 추천해요.

재료 손질해 준비하기

아삭이고추는 2cm 크기로 송송 썬다. 양파는 깍둑 썰기한다.

양념 섞기

볼에 양념 재료를 넣고 섞는다.

완성하기

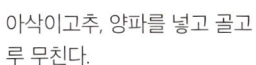

아삭이고추, 양파를 넣고 골고루 무친다.

명란무침

명란은 냉동 보관하면 오래 두고 먹을 수 있는 재료랍니다. 냉동실 들어가기 전 싱싱한 명란을 참기름에 조물조물 무쳐내면 짭조름하고 고소한 맛을 즐길 수 있어요.

10분   **저장 3회분**

READY

명란	3~4개
청양고추	1개
홍고추	1/2개
쪽파	1줄기
참기름	1큰술
참깨	1/2큰술

1
명란을 먹기 좋은 크기로 썬다.

명란 썰기

2
청양고추, 홍고추는 잘게 썰고 쪽파는 송송 썬다.

재료 손질해 준비하기

3
볼에 모든 재료를 넣고 무친다.

완성하기

청포묵무침

***

한식 전채 요리로 많이 나오는 청포묵무침은 가벼운 식감에 높은 포만감을 줍니다. 칼로리도 낮아 반찬으로 먹기에 더욱 부담 없어요.

10분　2~3인분

READY

청포묵	1모(300g)
소금	약간
간장	1작은술
참기름	1큰술
참깨	1큰술
김가루	적당량

1
청포묵은 먹기 좋은 크기로 썬다.

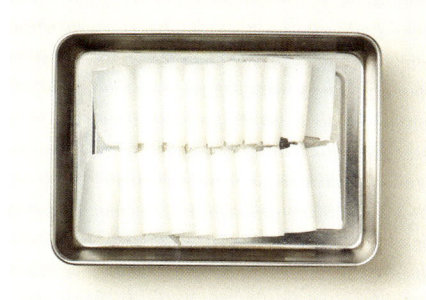

청포묵 썰기

2
냄비에 청포묵 데칠 물을 끓여 청포묵을 넣어 투명하게 변하면 체에 건져 물기를 뺀 후 한 김 식힌다.

중간 불

3
볼에 청포묵, 소금, 간장을 넣고 가볍게 섞은 후 참기름, 참깨를 넣어 살살 섞는다. 김가루를 넣어 버무린다.

완성하기

숙주무침
***

삼색 나물에 꼭 빠지지 않는 숙주무침입니다. 콩나물보다는 부드러운 맛이 강하답니다. 특별한 재료 없이도 언제든 만들어낼 수 있는 일상 반찬이에요.

10분   저장 3회분

READY

숙주	500g
쪽파	5줄기
홍고추	1개
참기름	1큰술
다진 마늘	1작은술
참치액	1작은술
소금	약간
참깨	적당량

RECIPE TIP

숙주는 시간이 지나면 수분으로 인해 싱거워질 수 있으니 간을 조금 세게 해주세요.

재료 손질해 준비하기

1

숙주는 흐르는 물에 2~3번 헹궈 체에 밭쳐 물기를 뺀다. 쪽파, 홍고추는 송송 썬다.

센 불 1분

2

숙주 데칠 물(4컵 + 소금 1큰술)이 끓어오르면 숙주를 넣어 1분간 데친 후 찬물에 헹궈 물기를 꼭 짠다.

모든 재료 넣고 무치기

3

볼에 숙주, 다진 마늘, 소금, 참치액, 참깨, 참기름을 넣어 무친 후 쪽파, 홍고추를 섞는다.

참나물겉절이

✽✽✽

참나물은 향이 강하지만 그 매력에 빠지면 헤어나오기 힘들어요. 참나물의 순이 여리고 맛있을 제철에는 데치기보다 샐러드처럼 바로 버무려 입맛을 살려보세요.

10분   저장 3회분

READY

참나물	2줌
양파	1/2개
참깨	1큰술

양념

설탕	1큰술
고춧가루	1큰술
다진 마늘	1큰술
간장	2큰술
식초	1큰술
참기름	1큰술

재료 손질해 준비하기

1 참나물을 씻어 먹기 좋은 크기로 썬다. 양파는 얇게 채 썬다.

양념 섞기

2 볼에 양념 재료를 넣고 섞는다.

완성하기

3 참나물, 양파를 넣고 버무린 후 참깨를 뿌린다.

굴 무생채

굴이 제철일 때 생굴로도 좋지만 생채에 넣어 시원하게 만들어 보세요. 우유 빛 영양 가득한 굴과 상쾌한 맛의 무가 잘 어우러진 반찬이에요.

20분 **저장 3회분**

READY

굴	200g
무	1/3개
양파	1/2개
쪽파	5줄기

양념

설탕	1큰술
참깨	1큰술
고춧가루	3큰술
다진 마늘	2큰술
까나리액젓	1큰술
식초	1/2큰술

재료 손질해 준비하기

1

무는 채 썰어 굵은 소금(1큰술)을 뿌려 섞은 후 10분간 체에 받쳐 절인다. 물로 헹궈 물기를 짠다. 양파는 채 썰고 쪽파는 4cm 길이로 썬다.

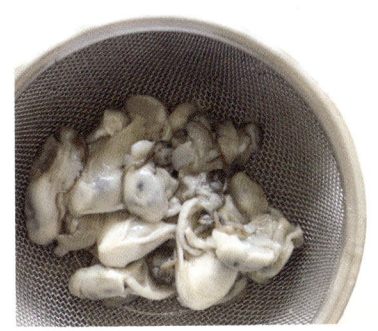

굴 씻어 물기 빼기

2

굴은 소금물에 헹궈 불순물을 제거한 후 체에 받쳐 물기를 뺀다.

완성하기

3

볼에 양념 재료를 넣어 섞고 절인 무를 넣어 무친다. 양파, 쪽파, 물기 뺀 굴을 넣고 살살 버무린다.

비름나물무침
***

비름나물은 비타민과 무기질이 풍부해 장수나물이라고 불려요. 여름철 싱싱한 비름나물을 데친 후 된장을 넣어 구수하게 무쳐보세요.

15분   저장 3회분

READY

비름나물	1단
대파	10cm
홍고추	1개
참깨	1큰술

양념

다진 마늘	1큰술
된장	1큰술
고추장	1큰술
올리고당	1/2큰술
들기름	2큰술

RECIPE TIP

비름나물은 굵은 줄기와 작은 순들을 제거한 후 깨끗이 씻어 손질해요.

센 불 🔥🔥🔥🔥 10초

1 비름나물 데칠 물에 굵은 소금(1큰술)을 넣고 끓어오르면 손질한 비름나물을 넣어 10초간 데친다.

재료 손질해 준비하기

2 비름나물은 찬물에 헹궈 물기를 꼭 짠 후 적당한 크기로 썬다. 대파, 홍고추는 송송 썬다.

완성하기

3 볼에 양념 재료, 데친 비름나물을 넣고 무친 후 대파, 홍고추, 참깨를 넣어 다시 한번 무친다.

Tip. 비름나물은 억센 부분은 제거해 손질한 후 사용해요.

매콤 콩나물무침

국민 반찬하면 떠오르는 콩나물무침이에요. 고춧가루를 넣어 매콤하게 무쳐내도 별미랍니다. 저렴한 가격에 쉽게 구할 수 있는 콩나물로 영양만점 반찬을 만들어보세요.

10분   저장 **3회분**

READY

콩나물	1/2봉지(250g)
송송 썬 쪽파	적당량

양념

고춧가루	1큰술
참깨	1큰술
참기름	1큰술
다진 마늘	1작은술
참치액	1작은술
소금	약간

RECIPE TIP

콩나물 국을 끓일 때 콩나물을 듬뿍 넣어 삶은 후 국용 콩나물만 남기고 일부를 건져내 무쳐내면 시간을 절약할 수 있어요.

센 불  5분

1
냄비에 콩나물 데칠 물을 넣어 끓어오르면 콩나물을 넣고 센 불에서 5분간 삶는다.

찬물에 헹궈 물기 빼기

2
체로 콩나물을 건져 찬물에 헹궈 물기를 뺀다.

완성하기

3
볼에 양념 재료를 넣고 섞은 후 콩나물, 송송 썬 쪽파를 넣어 살살 무친다.

시금치나물
✽✽✽

우리나라의 전통 나물 요리 중 삼색 나물에 빠지지 않는 시금치나물입니다. 제사에도 명절에도 국민 반찬으로도 늘 등장하는 메뉴죠. 이 방법으로 하면 참 쉽고 간단하게 만들 수 있어요.

15분   저장 **3회분**

READY

시금치	1단(300g)
대파	10cm
들기름	1큰술
참깨	1큰술
소금	약간
다진 마늘	1작은술
간장	2작은술

RECIPE TIP

섬초가 나오는 시기에는 섬초로 무쳐주세요. 달콤한 맛이 더 강하답니다.

 1

시금치는 뿌리가 크면 2쪽이나 4쪽으로 갈라 손질한다. 대파는 어슷 썬다.

재료 손질해 준비하기

2

냄비에 시금치 데칠 물을 넣어 끓어오르면 굵은 소금(1큰술)을 넣고 시금치를 넣어 센 불에서 10초간 데치고 찬물에 헹궈 물기를 꼭 짠다.

센 불  10초

 3

볼에 모든 재료를 넣어 무친다.

모든 재료 넣고 무치기

알배추 된장무침

겉절이로도 훌륭하지만 된장에 조물조물 무쳐 내면 김장김치가 조금 물려 갈 때 맛있게 즐길 수 있는 메뉴랍니다. 알배추를 고를 땐 속잎이 노란색이고 알이 꽉 차 있는 것이 좋아요.

10분   저장 **3회분**

READY

알배추	500g
송송 썬 대파	5cm분
송송 썬 홍고추	1/2개분
고춧가루	1큰술
다진 마늘	1큰술
된장	2큰술
올리고당	1큰술
참깨	1큰술
들기름	2큰술

센 불 20초

1

냄비에 알배추 데칠 물을 넣어 끓어오르면 굵은 소금(1큰술)을 넣고 낱장으로 뗀 알배추 잎을 넣어 20초간 데친다. 찬 물에 헹궈 물기를 꼭 짠 후 한 입 크기로 썬다.

애벌 무치기

2

볼에 알배추, 된장, 올리고당, 고춧가루, 다진 마늘을 넣어 무친다.

완성하기

3

참깨, 들기름, 송송 썬 대파, 송송 썬 홍고추를 넣어 한번 더 무친 후 그릇에 담는다.

가지나물

***

남편이 좋아하는 가지나물입니다. 알맞게 쪄진 가지를 양념장에 무쳐주면 이 반찬 하나에 밥까지 비벼 먹더라구요. 맛있게 무쳐 남편들의 입맛을 사로잡아 보세요.

20분　**저장 3회분**

READY

가지	3개
대파	10cm

양념

참깨	1큰술
고춧가루	2큰술
다진 대파	2큰술
다진 마늘	1큰술
간장	4큰술
올리고당	2큰술
들기름	1큰술

1

가지는 5cm크기로 썰어 6등분한다. 대파는 송송 썬다. 볼에 양념 재료를 넣어 섞는다.

재료 손질해 준비하기

2

찜통에 물을 부어 끓이고 김이 올라오면 가지를 넣고 중간 불에서 5분간 찐 후 뚜껑을 열고 5분간 충분히 식힌다.

중간 불　5분

3

식힌 가지에 양념을 넣어 무친다.

완성하기

깻잎찜

※※※

향이 좋은 깻잎은 쌈채소지만 쪄서 먹으면 근사한 반찬이 된답니다. 깻잎을 찌면 향이 약해지기 때문에 조금 더 편하게 먹을 수 있어요.

15분 저장 3~4회분

READY

깻잎	50장

양념

다진 양파	1/2개분
송송 썬 쪽파	5줄기분
다진 홍고추	1개분
설탕	1큰술
고춧가루	2큰술
다진 마늘	1큰술
간장	3큰술
참치액	1큰술
들기름	2큰술

1

재료 손질해 준비하기

깻잎은 씻어 물기를 뺀다. 볼에 양념 재료를 넣어 섞는다.

2

깻잎에 양념 바르기

전자레인지용 그릇에 깻잎 3장을 깔고 양념장을 조금씩 발라가며 깻잎을 쌓는다. 이 과정을 반복해 깻잎에 양념을 고루 바른다.

3

전자레인지 3분 → 완성하기

그릇에 랩을 씌워 구멍을 내고 전자레인지에 3분간 돌린다.

꽈리고추찜

맵지 않아 어린이 입맛에도 제격인 메뉴예요. 꽈리고추는 살짝 쪄서 양념장에 버무리면 식어도 맛있어요. 꽈리고추는 씻을 때 소금 1큰술 + 식초 1큰술을 섞은 물에 깨끗이 헹궈 사용하는 게 좋아요.

15분   저장 3회분

READY

꽈리고추	250g
밀가루	2큰술
물	3큰술 + 3큰술

양념

참깨	1큰술
고춧가루	1큰술
다진 대파	1큰술
다진 홍고추	1/2큰술
간장	2큰술
들기름	2큰술
올리고당	1작은술

RECIPE TIP

전자레인지 대신 찜기를 이용해 5분간 찌면 더 촉촉한 찜을 만들 수 있어요.

꽈리고추 밀가루 입히기

1
꽈리고추는 꼭지를 떼고 위생 비닐에 밀가루와 함께 넣어 흔든다. 작은 볼에 양념 재료를 넣고 섞는다.

전자레인지 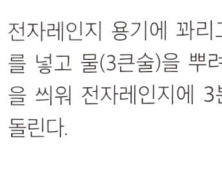 3분

2
전자레인지 용기에 꽈리고추를 넣고 물(3큰술)을 뿌려 랩을 씌워 전자레인지에 3분간 돌린다.

전자레인지 2분 → 완성하기

3
수분이 없는 부분에 물(3큰술)을 다시 뿌려 랩을 씌운 후 2분간 돌린 후 양념장을 넣어 무친다.

고사리나물
***

제사에도 명절에도 꼭 등장하는 나물이에요. 요즘에 마트에서 데친 고사리를 판매하기도 하니 어렵게 생각하지 마시고 한번 만들어보세요.

30분 저장 3회분

READY

불린 고사리	300g
양파	1/2개
대파	20cm
들깨가루	1큰술
참깨	1큰술
다시 국물	1/2컵

(100ml, 66p 참고)

양념

다진 마늘	1/2큰술
국간장	1큰술
들기름	2큰술
참치액	1작은술

RECIPE TIP

고사리는 꼭 데쳐서 사용해야 특유의 비린내를 제거할 수 있어요. 다시 국물 대신 물을 사용한다면 국간장 1작은술을 양념에 더해주세요.

재료 손질해 준비하기

1
고사리 데칠 물(5컵 + 소금 1큰술)이 끓어오르면 불린 고사리를 넣어 데친 후 깨끗이 헹궈 적당한 크기로 썬다. 양파는 채 썰고 대파는 송송 썬다.

중간 불 5분 → 10분

2
달군 팬에 고사리, 양파, 양념 재료를 넣어 중간 불에서 5분, 다시 국물, 들깨가루를 넣고 섞은 후 뚜껑을 닫아 10분간 조린다.

중간 불 3분 → 완성하기

3
대파를 넣고 3분간 볶은 후 참깨를 뿌린다.

고구마순나물
***

아삭한 고구마순은 씹을수록 맛있어요.
여름에 이 나물을 안 먹으면 섭섭하죠. 아
이들도 잘 먹는 나물 중에 하나예요.

15분   저장 3회분

READY

데친 고구마순	500g
양파	1/2개
대파	10cm
홍고추	1개
들깨가루	2큰술
들기름	2큰술
다시 국물	1컵

(200ml, 66p 참고)

양념

다진 마늘	1큰술
간장	1큰술
국간장	1큰술
들기름	2큰술
올리고당	약간

RECIPE TIP

생 고구마순은 줄기를 꺾어 얇은 막을 벗겨낸 후 끓는 물에 소금 1큰술을 넣어 5분간 부드럽게 삶아 준비해요. 양이 많을 경우 지퍼팩에 물 1/2컵(100ml)과 함께 넣어 납작하게 만들어 냉동 보관하세요.

1

재료 손질해 준비하기

데친 고구마순은 적당한 크기로 썬다. 양파는 채 썰고 대파, 홍고추는 어슷 썬다.

2

중간 불 🔥🔥🔥 1분 → 1분

달군 팬에 들기름을 두르고 고구마순을 넣어 중간 불에서 1분, 양파를 넣고 1분간 볶는다.

3

중간 불 🔥🔥🔥 3분 → 완성하기

양념 재료, 다시 국물을 넣어 3분, 들깨가루, 홍고추, 대파를 넣어 볶는다.

도라지나물

삼색 나물 중 하나로 도라지 특유의 쓴맛을 제거해야 맛있게 먹을 수 있어요. 특유의 은은한 향과 독특한 식감을 살려 요리해보세요.

15분 **저장 3회분**
+ 쓴맛빼기 1시간

READY

도라지	300g
송송 썬 쪽파	3줄기분
다진 마늘	1큰술
국간장	1큰술
다시 국물	4큰술
	(60ml, 66p 참고)
들기름	적당량
소금	약간
참깨	적당량

도라지 손질하기

1
도라지에 굵은 소금(1큰술), 설탕(1큰술)을 넣어 바락바락 주무른 후 2번 정도 헹궈 1시간 이상 찬물에 담가 놓는다.

센 불 🔥🔥🔥🔥 1분

2
끓는 물에 도라지를 넣어 1분간 데쳐 물기를 뺀 후 팬에 도라지, 소금, 다진 마늘, 국간장을 넣고 무친다.

중간 불 🔥🔥🔥 5분 → 2분 → 완성하기

3
들기름을 두르고 중간 불에 올려 5분간 볶다가 다시 국물을 넣어 2분간 더 볶는다. 송송 썬 쪽파, 참깨를 뿌린다.

호박 새우젓볶음

여름철 시장을 돌다 보면 쉽게 볼 수 있는 호박으로 만든 새우젓볶음이에요. 호박은 새우젓과 궁합이 참 좋아서 자작하게 볶아내면 밥 반찬으로 그만이랍니다.

15분　저장 3회분

READY

애호박(또는 둥근 호박)	1개
양파	1/2개
당근	1/3개
대파	10cm
홍고추	1개
들기름	2큰술
참깨	1큰술
다시 국물	1/2컵
	(100ml, 66p 참고)

양념

고춧가루	1큰술
새우젓	2큰술
다진 마늘	1큰술

RECIPE TIP

취향에 따라 들깨가루를 추가해도 좋아요.

재료 손질해 준비하기

1

애호박, 당근은 반달 썰기하고, 양파는 채 썬다. 대파, 홍고추는 어슷 썬다.

중간 불 3분 → 5분

2

달군 팬에 들기름을 두르고 애호박, 양파, 당근, 양념 재료를 넣어 중간 불에서 3분간 볶는다. 다시 국물을 넣어 5분간 자작하게 조린다.

중간 불 🔥🔥🔥 10초 → 완성하기

3

대파, 홍고추를 넣어 10초간 볶은 후 불을 끄고 참깨를 넣는다.

감자채볶음
✲✲✲

포슬포슬한 감자를 채 썰어 볶은 감자볶음은 남녀 노소 좋아하는 반찬이에요. 아이들 좋아하는 어묵이나 햄을 채 썰어 같이 볶아내도 좋아요.

15분 　 저장 3회분

READY

감자	2개(450g)
양파	1/2개
당근	1/4개
송송 썬 쪽파	3줄기분
식용유	2큰술
다진 마늘	1큰술
참치액	1큰술
소금	적당량
참기름	1큰술
참깨	1큰술

재료 손질해 준비하기

1

감자는 채 썰어 찬물에 헹궈 체에 밭친다. 양파, 당근은 채 썬다.

중간 불 🔥🔥🔥 30초 → 5분

2

달군 팬에 식용유를 두르고 중간 불에서 다진 마늘을 넣고 30초, 감자, 양파, 당근을 넣어 5분간 볶는다.

중간 불 🔥🔥🔥 → 완성하기

3

참치액, 소금을 넣고 송송 썬 쪽파를 넣어 볶다가 불을 끈다. 참기름, 참깨를 뿌린다.

건새우 마늘종볶음
✽✽✽

고소한 건새우에 알싸한 마늘종을 넣어 볶아보세요. 신선한 마늘종이 많이 나올 시기에 제철 반찬으로 좋답니다. 간단하게 뚝딱 요리할 수 있는 건 덤이지요.

15분 저장 3회분

READY

마늘종	200g
건새우	2줌(50g)
참깨	적당량
식용유	2큰술

양념

설탕	1큰술
간장	2큰술
맛술	1큰술
들기름	1큰술

센 불 🔥🔥🔥🔥 20초

1

마늘종은 4cm 길이로 썰어 물(2와 1/2컵) + 식초(3큰술)에 5분간 담근다. 끓는 물에 소금(1큰술)을 넣어 20초간 데쳐 체에 밭친다.

중간 불 🔥🔥🔥 2분 → 5분

2

달군 팬에 건새우를 넣어 중간 불에서 2분간 볶은 후 따로 덜어둔다. 그 팬에 식용유를 두르고 양념 재료를 넣어 끓인 후 마늘종을 넣어 5분간 볶는다.

중간 불 🔥🔥🔥 1분 → 완성하기

3

건새우를 넣어 1분간 볶은 후 불을 끄고 참깨를 뿌린다.

소시지 채소볶음

아이도 어른도 모두 좋아하는 반찬 중 하나지요. 소시지와 채소의 조합은 늘 익숙하지만 맛도 보장, 영양도 보장되는 메뉴입니다.

15분　 저장 3회분

READY

소시지	1봉지(200g)
양파	1/2개
파프리카	1/2개
피망	1/2개
식용유	2큰술
검은깨	1큰술

양념

다진 마늘	1큰술
칠리소스	3큰술
토마토케첩	3큰술
고추장	1큰술

재료 손질해 준비하기

1
소시지는 칼집을 내 끓는 물에 3분간 데쳐 체로 건진다. 양파, 파프리카, 피망은 깍둑 썰기 한다. 작은 볼에 양념 재료를 넣고 섞는다.

Tip. 소시지를 데치면 여분의 기름과 발색제를 없앨 수 있어요.

중간 불  2분

2
달군 팬에 식용유를 두르고 양파, 파프리카, 피망, 소시지를 넣어 중간 불에서 2분간 볶는다.

중간 불 1분 → 완성하기

3
채소가 반쯤 익으면 양념을 넣어 1분간 볶은 후 검은깨를 뿌린다.

브로콜리 버섯볶음

브로콜리는 데쳐 먹는 것이 익숙하지만 볶아도 색다른 맛을 느낄 수 있어요. 브로콜리와 버섯의 조화가 씹는 맛은 물론이고 맛도 있답니다. 간을 할 때에는 소금으로 해야 채소의 색을 유지 할 수 있어요.

15분   저장 3회분

READY

브로콜리	1송이
새송이버섯	200g
양파	1/2개
마늘	5개
들기름	2큰술
후춧가루	약간
소금	1/2작은술
참깨	약간

RECIPE TIP

브로콜리는 식초물에 담가 깨끗이 씻어 사용해요.

재료 손질해 준비하기

1

브로콜리는 먹기 좋은 크기로, 새송이버섯은 어슷 썰고, 양파는 채 썬다. 마늘은 편 썬다.

센 불 10초 → 10초

2

재료 데칠 물(6컵 + 소금 1큰술)이 끓어오르면 브로콜리를 넣고 10초간 데친 후, 체에 밭쳐 물기를 뺀다. 새송이버섯을 넣어 10초간 데쳐 물기를 뺀다.

중간 불  2분 → 완성하기

3

달군 팬에 들기름을 두르고 마늘, 양파, 브로콜리, 새송이버섯 순으로 2분간 볶는다. 소금, 후춧가루를 넣어 간을 한다. 참깨를 뿌린다.

오이 소고기볶음

*** ───────

오이를 소금에 절인 후 볶으면 특유의 아삭한 식감이 살아난답니다. 중국식 반찬 느낌으로 밥에 얹어 먹어도 좋답니다. 시도해도 후회하지 않으실 거예요.

20분 **저장 3회분**

READY

소고기	200g
	(살치살 또는 삼각살)
오이	2개
식용유	1큰술
참깨	적당량
참기름	적당량
송송 썬 쪽파	적당량

밑간

다진 마늘	1큰술
간장	1큰술
올리고당	1작은술
후춧가루	적당량

1

소고기는 결 반대로 먹기 좋은 크기로 썰어 밑간 재료에 버무려 10분간 재운다. 오이는 얇게 썰어 굵은 소금(1큰술)을 뿌려 10분간 절인다. 소금기를 헹군 후 물기를 꼭 짠다.

재료 손질해 준비하기

2

달군 팬에 식용유를 두르고 소고기를 넣어 센 불에서 5분간 물기가 없어질 때까지 볶는다.

센 불 5분

3

절인 오이를 넣고 센 불에서 2분간 볶은 후 참깨, 참기름, 송송 썬 쪽파를 넣어 섞는다.

센 불 2분 → 완성하기

진미채무침

진미채를 물에 씻어 마요네즈를 조금 섞어 무치면 훨씬 부드럽고 고소하게 즐길 수 있답니다. 마요네즈에 무치는 것이 진미채를 더 맛있게 만드는 비법이에요.

10분   저장 3회분

READY

홍진미채	250g
마요네즈	2큰술
송송 썬 쪽파	2줄기분
참기름	2큰술
참깨	1큰술

양념

다진 마늘	1/2큰술
간장	1큰술
맛술	1큰술
올리고당	1큰술
고추장	3큰술

홍진미채를 체에 받쳐 흐르는 물에 씻어 물기를 뺀다.

재료 손질해 준비하기

볼에 홍진미채, 마요네즈를 넣어 무친다. 볼에 양념 재료를 넣고 섞는다.

애벌 무치기 → 양념 섞기

홍진미채와 양념을 섞어 무친 후 참기름, 참깨, 송송 썬 쪽파를 넣어 살살 섞는다.

모든 재료 넣고 무치기

어묵볶음

어묵만큼 손이 쉽게가는 식재료도 없는 것 같아요. 뜨거운 물에 한번 헹궈서 사용하심 더욱 건강하게 즐길 수 있어요. 건강을 위해 어묵의 생선 함량을 확인하세요.

15분 　 저장 3회분

READY

사각 어묵	5장(도톰한 것)
파프리카	1/2개
피망	1/2개
양파	1/2개
식용유	2큰술
참기름	1큰술
참깨	적당량

양념

고춧가루	1큰술
간장	2큰술
올리고당	1큰술
다진 마늘	1작은술

재료 손질해 준비하기

1 어묵은 한입 크기로 썬다. 파프리카, 피망, 양파는 깍둑 썰기한다. 작은 볼에 양념 재료를 넣고 섞는다.

Tip. 어묵은 끓는 물에 흔들어 데쳐 사용하면 여분의 기름을 없앨 수 있어요.

중간 불 🔥🔥🔥 3분

2 달군 팬에 식용유를 두르고 어묵, 채소를 넣어 중간 불에서 3분간 볶는다.

중간 불 🔥🔥🔥 3분 → 완성하기

3 양념을 넣어 3분간 볶은 후 불을 끄고 참기름, 참깨를 넣는다.

멸치 견과류볶음

한 번 만들어 두면 든든한 밑반찬이에요. 아이들이 많은 집이라면 절대 빼놓을 수 없는 필수 반찬 중 하나랍니다. 멸치는 작은 멸치를 사용하면 나중에 밥에 넣어 주먹밥을 만들기에도 좋아요.

10분   저장 4회분

READY

멸치	약 2컵(세멸, 200g)
볶은 견과류	2줌
참깨	적당량
식용유	3큰술
참기름	1큰술

양념

간장	1큰술
올리고당	4큰술
다진 마늘	1큰술

RECIPE TIP

견과류는 프라이팬에 한번 볶아 사용해야 더 고소하게 먹을 수 있어요.

중간 불 3분

1 기름을 두르지 않은 달군 팬에 멸치를 넣고 3분간 볶는다.

잔가루 제거하기

2 볶은 멸치는 체에 밭쳐 잔가루를 제거한다.

중간 불 1분 → 완성하기

3 팬에 식용유를 두르고 양념 재료을 넣어 끓어오르면 멸치, 견과류를 넣고 중간 불에서 1분간 볶아 불을 끈다. 참깨, 참기름을 넣고 섞는다.

우엉조림

***

단짠단짠의 진수를 보여주는 우엉조림은 아이들 반찬으로 사랑 받는 메뉴이기도 하죠. 우엉의 영양은 껍질 쪽에 많이 있답니다. 뿌리채소의 영양을 최대한 살려 만들어보세요.

15분　 저장 **3회분**

READY

우엉	3개(400g)
다진 마늘	1큰술
들기름	2큰술
참깨	1큰술
참기름	1큰술

양념

간장	3큰술
맛술	1큰술
물엿	3큰술
물	1/2컵(100ml)

1

재료 손질해 준비하기

우엉은 2.5cm 길이로 가늘게 채 썰고 식초물(식초 2큰술 + 물 2와 1/2컵)에 10분간 담가 체에 받쳐 물기를 뺀다.

2

중간 불

중간 불로 달군 팬에 들기름을 두르고 다진 마늘을 넣고 볶다 우엉을 넣어 숨이 죽을 때까지 볶는다.

3

중간 불 10분 → 완성하기

양념 재료를 넣어 중간 불에서 10분간 조리다가 물엿을 넣어 볶는다. 불을 끄고 참기름, 참깨를 넣고 섞는다.

콩장

***

매번 새로운 반찬을 만들기 힘들 때 두고두고 먹을 수 있는 효자 반찬입니다. 잘 불린 콩을 달콤한 양념장에 졸여 볶아 두면 오랫동안 식탁을 책임져줄 든든한 밑반찬이 될 거예요.

40분
+ 불리기 24시간

저장 5회분

READY

검은콩	2컵
참깨	1큰술
올리고당	2큰술
참기름	1큰술

양념

다시마	3조각
설탕	3큰술
간장	5큰술
콩 우린 물	2와 1/2컵(500ml)

RECIPE TIP

콩조림은 불 조절이 중요해요. 자칫 타버릴 수 있으니 꼭 옆에서 지켜봐 주세요. 끓어오를 때 생기는 거품은 걷어내요.

재료 손질해 준비하기

1

검은콩은 씻어 하루 전날 물 3컵에 담가 불린다(최소 3시간 이상).

센 불 🔥🔥🔥🔥 15분 → 10분

2

냄비에 불린 검은콩, 콩 우린 물을 넣고 센 불에서 15분, 간장, 다시마를 넣어 10분간 끓인 후 다시마는 건진다.

중간 불 🔥🔥🔥 1분 → 완성하기

3

검은콩이 졸아들면 중간 불로 줄여 설탕을 넣고 1분간 졸인다. 올리고당, 참기름, 참깨를 넣어 섞는다.

두부조림

***

단백질이 풍부한 영양만점의 두부는 쉽게 구할 수 있는 재료입니다. 냉장고 속 두부로 국물 자작한 칼칼한 맛의 조림을 만들어 보세요.

20분　**2~3인분**

READY

두부	1모(큰 것, 500g)
양파	1/2개
당근	1/4개
대파	20cm
홍고추	1개
청양고추	1개
참깨	1큰술
들기름	2큰술

양념

고춧가루	2큰술
다진 마늘	1큰술
간장	3큰술
참치액	1큰술
올리고당	1과 1/2큰술
다시 국물	1/2컵(100ml)

RECIPE TIP

아이가 있다면 고춧가루, 청양고추는 빼고 요리하세요.

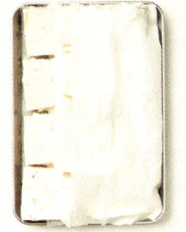 

재료 손질해 준비하기

1

두부는 납작하게 썰어 키친타월 위에 올려 물기를 뺀다. 양파, 당근은 채 썬다. 대파, 홍고추, 청양고추는 어슷 썬다.

중간 불 🔥🔥🔥 4분 → 5분

2

달군 팬에 들기름을 두르고 두부를 넣어 중간 불에서 4~5분간 노릇하게 부친 후 양파, 당근, 양념장을 넣어 뚜껑을 닫고 5분간 조린다.

완성하기

3

뚜껑을 열어 대파, 홍고추를 넣고 조림 국물을 적셔준 후 참깨를 뿌린다.

진미채 간장조림

어릴 적 도시락 반찬으로 즐겨 먹던 진미채볶음을 맵지 않게 간장으로 조려 아이들이 좋아하는 밑반찬을 만들었어요. 진미채는 딱딱해지지 않게 빠르게 볶는 게 가장 중요하답니다.

10분   저장 3회분

READY

진미채	200g
마요네즈	2큰술
참깨	1큰술
참기름	1큰술

양념

다진 마늘	1큰술
간장	2큰술
맛술	1큰술
올리고당	2큰술
참기름	2큰술

RECIPE TIP

매콤조림레시피는 아래의 분량대로 만들어요. 다진 마늘 1큰술, 간장 1큰술, 맛술 1큰술, 올리고당 2큰술, 고추장 2큰술을 섞어 과정②의 양념을 대체해요.

재료 손질해 준비하기

1

진미채는 물에 헹궈낸 후 물기를 빼고 마요네즈에 버무린다.

중간 불 → 완성하기

2

팬에 양념 재료를 넣고 중간 불에서 끓어오르면 진미채를 넣어 빠르게 섞는다.

완성하기

3

불을 끄고 참깨, 참기름을 넣어 섞는다.

감자 고추장조림
❋ ❋ ❋

감자는 식탁에서 가장 흔한 재료지만 조리법만 살짝 달리하면 다양한 맛과 식감을 낼 수 있어요. 고추장조림도 그래요. 조려낸 감자를 따뜻한 밥에 올려 쓱쓱 비벼먹어도 꿀맛이랍니다.

15분   저장 3회분

READY

감자	2개
양파	1/2개
당근	1/3개
다진 마늘	1큰술
식용유	적당량
참기름	적당량
참깨	적당량
송송 썬 쪽파	적당량

양념

고춧가루	1큰술
간장	1큰술
국간장	1큰술
고추장	1큰술
올리고당	1큰술
다시 국물	1컵

(200ml, 66p 참고)

1

재료 손질해 준비하기

감자, 당근은 반달 모양으로 도톰하게 썬다. 양파는 굵게 채 썬다. 작은 볼에 양념 재료를 넣고 섞는다.

2

중간 불 2분 → 10분

달군 팬에 식용유를 두르고 다진 마늘을 넣어 볶다가 감자, 당근, 양파를 넣고 중간 불에서 2분간 볶아 감자의 겉이 투명해지면 양념 재료를 넣어 10분간 조린다.

3

완성하기

양념이 자작해지면 불을 끄고 참기름, 참깨, 쪽파를 넣어 가볍게 섞는다.

다진 돼지고기 애호박조림

호박조림에 다진고기를 넣어 더욱 풍성한 맛과 영양을 느껴보세요. 반찬으로 먹어도 좋지만 덮밥으로 드셔도 색다르게 즐길 수 있어요.

15분   2~3인분

READY

돼지고기 다짐육	200g
애호박	1개
양파	1/2개
마늘	10개
쪽파	3줄기
홍고추	1개
식용유	1큰술 + 1큰술
참기름	1큰술
참깨	1큰술

~~~~~~~~

양념

고춧가루	2큰술
다진 청양고추	2개분
다진 마늘	2큰술
새우젓	1큰술
간장	2큰술
맛술	1큰술
올리고당	1큰술
후춧가루	약간
다시 국물	1/2컵(100ml)

재료 손질해 준비하기

1

애호박은 0.7cm 두께로 썰고 양파는 채 썬다. 마늘은 편 썰고 쪽파는 송송 썬다. 홍고추는 어슷 썬다. 볼에 양념 재료를 넣고 섞는다.

중간 불 🔥🔥🔥 → 센 불 🔥🔥🔥🔥 2분

2

팬에 식용유(1큰술)를 두르고 애호박을 앞뒤로 겉만 살짝 구운 뒤 따로 덜어둔다. 다시 식용유(1큰술)를 두르고 마늘을 볶다가 돼지고기 다짐육, 양파를 넣어 센 불에 2분간 볶는다.

중간 불 🔥🔥🔥 5분

3

애호박, 양념 재료를 넣고 중간 불에서 5분간 조린다. 불을 끄고 참기름, 쪽파, 참깨를 뿌린다.

메추리알 곤약장조림
***

단백질이 풍부해 성장기 아이들에게도 좋은 반찬이에요. 메추리알은 삶은 것을 사용하는 게 편하고, 삶아야 할 때는 소금을 넣고 삶아야 터지지 않아요.

20분 저장 5~6회분

READY

깐 메추리알	500g
묵곤약	1팩(250g)
마늘	20개
생강	1톨
(또는 생강가루, 생강청 1작은술)	
후춧가루	약간
참기름	약간

양념

설탕	3큰술
간장	7큰술
국간장	2큰술
다시 국물	2와 1/2컵
(500ml, 66p 참고)	

재료 손질해 준비하기

1

묵곤약은 메추리알 크기로 깍둑 썬다. 메추리알과 함께 체에 밭쳐 헹군다.

중간 불 🔥🔥🔥 10분

2

냄비에 양념 재료를 넣어 끓인 후 메추리알, 곤약, 마늘, 생강을 넣어 중간 불에서 10분간 조린다.

완성하기

3

불을 끄고 생강을 뺀 후 후춧가루, 참기름을 넣고 섞는다.

닭가슴살 고구마 간장볶음

퍽퍽한 식감의 닭가슴살을 달콤한 고구마와 함께 조려낸 간장볶음입니다. 익힌 고구마가 있다면더 쉽게 만들 수 있어요. 짭조름하고 담백한 맛에 계속 손이 가는 반찬이지요.

15분   2~3인분

READY

닭가슴살	3쪽(350g)
익힌 고구마	1개분
파프리카	1/2개
피망	1/2개
양파	1/2개
마늘	10개
소금	약간
후춧가루	약간
올리브유	2큰술
참기름	1큰술
참깨	1큰술

양념

간장	2큰술
맛술	1큰술
굴소스	1큰술
올리고당	1과 1/2큰술

RECIPE TIP

고구마는 껍질을 벗겨 한입 크기로 썰어 위생팩에 넣어 전자레인지에 넣어 5분간 돌려 완전히 익혀요.

1

재료 손질해 준비하기

닭가슴살은 한입 크기로 썰어 소금, 후춧가루로 밑간한다. 작은 볼에 양념 재료를 넣고 섞는다. 파프리카, 피망, 양파는 깍둑 썰고 마늘은 편 썬다.

2

중간 불 1분 → 3분

달군 팬에 올리브유를 두르고 마늘을 넣어 중간 불에서 1분, 닭가슴살을 넣어 3분간 볶는다.

3

중간 불 2분 → 1분 → 완성하기

채소, 양념을 넣어 2분간 볶다가 익힌 고구마를 넣어 1분간 볶는다. 불을 끄고 참기름, 참깨를 뿌린다.

소고기장조림

소고기장조림은 간장과 설탕의 황금 비율이 중요해요. 한번 만들어두면 며칠 두고 먹을 수 있어 더 좋은 반찬이죠.

30분   저장 5회분

READY

소고기 양지	300g
꽈리고추	100g
마늘	20개
홍고추	1개
다시마	3조각
생강	약간
설탕	2큰술
후춧가루	약간
물	2와 1/2컵(500ml)
간장	1/2컵(100ml)

RECIPE TIP

고기를 찢을 때 뜨거울 수 있으니 찬물에 손을 담가가며 찢거나 칼로 썰어내요.

 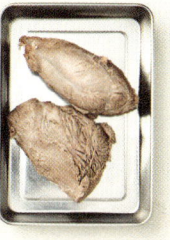

재료 손질해 준비하기

1
꽈리고추는 꼭지를 제거하고 비스듬히 썬다. 홍고추는 어슷 썬다. 냄비에 물을 넣어 끓어 오르면 소고기를 넣고 1분간 데쳐 체로 불순물을 제거한 후 소고기는 건진다.

중간 불 🔥🔥🔥 10분 → 10분

2
냄비에 소고기, 다시마, 물을 넣고 뚜껑을 닫은 후 중간 불에서 10분, 다시마를 건지고 생강, 설탕, 간장을 넣어 10분간 끓인다. 불을 끄고 고기는 건져 결대로 찢는다.

중간 불 🔥🔥🔥 5분 → 3분

3
불을 켜고 찢은 소고기, 마늘, 생강을 넣고 5분, 꽈리고추, 홍고추, 후춧가루를 넣어 3분간 조린다.

삼치구이

삼치는 다른 생선에 비해 담백하고 살이 두툼해 남녀노소 누구나 좋아하는 생선구이입니다. 부드러운 삼치살이 부서지지 않도록 굽는 게 포인트지요. 자주 뒤집으면 생선살이 부서질 수 있으니 주의해요.

25분 2~3인분

READY

삼치	2토막
와사비	적당량
양조간장	2큰술
레몬	1조각
식용유	적당량

RECIPE TIP

종이포일을 깔고 180℃의 에어프라이어에 넣고 10분간 돌려도 좋아요.

1

재료 손질해 준비하기

삼치는 깨끗이 씻어 굵은 소금(1큰술)을 뿌려 10분간 둔 후 키친타월로 물기를 꼼꼼히 제거한다.

2

중간 불 5분 → 5분

달군 팬에 식용유를 두르고 삼치의 등이 팬에 닿도록 올려 중간 불에서 3~5분, 뒤집어 3~5분간 노릇하게 굽는다.

Tip. 삼치의 두께에 따라 굽는 시간을 조절해요.

3

완성하기

구운 삼치에 와사비, 양조간장, 레몬을 곁들인다.

폭탄달걀찜

※ ※ ※

폭탄달걀찜은 불 조절, 시간 조절, 양 조절만 잘하면 누구나 쉽게 만들 수 있어요. 우선 뚝배기 크기가 중요해요. 지름이 큰 뚝배기보다는 작은 사이즈의 뚝배기가 더 잘 부풀어 오르죠. 꼭 도전하셔서 몽글몽글한 달걀찜을 만들어보세요.

10분　　2인분

READY

달걀	4개
다진 당근	약간
송송 썬 쪽파	약간
다진 홍고추	약간
소금	약간
다시 국물	1컵(200ml)

RECIPE TIP

뚝배기 크기에 따라 달걀의 양과 물의 양을 늘리거나 줄여주세요.

1

재료 손질해 준비하기

그릇에 달걀을 먼저 넣고 푼 후 모든 재료를 넣어 섞는다.

2

센 불 🔥🔥🔥🔥 → 중간 불 🔥🔥🔥

뚝배기에 달걀물을 8부 정도 붓고 센 불에 올려 수저로 계속 젓다가 반쯤 익으면 중간 불로 줄여 바닥까지 저어가며 익힌다.

3

약한 불 🔥 3분 → 완성하기

80%가량 익었을 때 오목한 그릇을 덮어 약한 불로 줄여 3분간 뜸들인다.

매생이 달걀말이

식탁을 돋보이게 하는 영양만점의 매생이 달걀말이예요. 두 가지 색감이 대비되어 더욱 화사하게 느껴진답니다. 달걀말이를 말 때에는 약한 불에서 기름을 적게 사용해야 곱게 완성돼요.

25분   2인분

READY

매생이	50g
달걀	4개(2개 + 2개)
소금	적당량
식용유	적당량

RECIPE TIP

달걀물은 거름망에 거르지 않아도 포크와 가위를 이용해 풀어주면 더 잘 풀어지고 알끈도 건져낼 수 있어요.

재료 손질해 준비하기

1

매생이는 소금물에 흔들어 헹궈 체에 받쳐 물기를 꼭 짠다. 달걀은 2개의 볼에 각각 2개씩 푼다.

달걀물 섞기

2

1번 달걀물에 매생이, 소금을 넣고 가위로 매생이를 잘게 자른 후 섞는다. 2번 달걀물에는 소금만 넣어 골고루 섞는다.

중약 불 → 완성하기

3

달군 팬에 식용유를 두르고 1번 달걀물을 얇게 부어 말고 매생이 달걀말이가 완성되면 2번 달걀물을 연결해서 같은 방법으로 만다.

호박전

동글동글한 호박전은 모양도 예뻐 잔칫상에 자주 올라가는 전이에요. 한입에 쏙 먹기 좋은 메뉴죠. 손님상에도 전이 필요할 때 부담 없이 만들 수 있어요.

30분   2~3인분

READY

- 애호박 ······················· 1개
- 부침가루 ················ 4큰술
- 달걀 ························· 2개
- 소금 ················· 1/2작은술

RECIPE TIP

양파 절임과 같이 곁들여 내면 좋아요. 식힌 호박전을 다시 데울 때는 기름 없는 마른 팬에 약한 불로 구워요.

1

애호박은 0.3cm 두께로 썰어 소금을 뿌려 10분간 둔 후 키친타월로 수분을 제거한다. 바트에 달걀, 소금을 넣고 섞어 달걀물을 만든다.

재료 손질해 준비하기

2

위생비닐에 밀가루 넣고 호박을 넣어 흔들어 밀가루 옷을 입힌다.

밀가루 입히기

3

달군 팬에 식용유를 두르고 호박에 달걀물을 입혀 중간 불에서 2~3분간 앞뒤로 노릇하게 부친다.

중간 불  2~3분

김치전

바삭한 전이 좋으면 부침가루와 튀김가루 2:1 비율로 해주세요. 냉동 보관한 오징어, 새우 등 해산물을 넣어줘도 맛있지요.

20분　**2~3인분**

READY

송송 썬 익은 김치	3컵(600g)
채 썬 양파	1/2개분
송송 썬 청양고추	1개분
부침가루	2컵(400ml)
찬물	약 1과 3/4컵(360ml)
식용유	적당량

재료 손질해 준비하기

1

볼에 부침가루, 찬물을 넣고 뭉치지 않게 섞은 후 식용유를 제외한 모든 재료를 넣어 섞는다.

중간 불 🔥🔥🔥

2

중간 불로 달군 팬에 식용유를 넉넉히 두르고 반죽을 한 국자씩 넣어 얇게 편다.

중간 불 🔥🔥🔥 → 1분

3

반죽 표면이 투명해질 때 뒤집어 중간 불에서 1분 정도 노릇하게 부친다.

콩비지전
***

고소한 녹두전이 번거로웠다면 간편한 콩비지전은 어떨까요? 콩비지에 잘 익은 김치를 송송 썰어 넣어 지글지글 부쳐보세요. 242p의 양파 간장장아찌와 함께 곁들여 먹어도 좋아요.

20분 **2~3인분**

READY

콩비지	1컵(160g)
익은 김치	1컵(160g)
청양고추	2개
홍고추	1개
감자전분	2큰술
참치액	1작은술
식용유	적당량

RECIPE TIP

콩비지전에 사용하는 콩비지는 손두부집 콩비지를 사용해요. 시판 콩비지는 농도가 묽기 때문에 전에는 적합하지 않아요. 대신 두부를 으깨 사용하면 비슷한 식감과 맛을 낼 수 있답니다.

1

청양고추, 홍고추, 익은 김치를 송송 썬다.

재료 손질해 준비하기

2

볼에 식용유를 제외한 모든 재료를 넣고 섞는다.

재료 섞기

3

달군 팬에 식용유를 넉넉히 두른 후 반죽을 올려 중간 불에서 3분간 앞뒤로 노릇하게 부친다.

중간 불 3분

참치전

통조림 참치를 사용해 갖은 채소를 넣고 부쳐주면 간단하지만 근사한 전이 완성돼요. 채소를 싫어하는 아이들도 갖은 채소를 골고루 먹을 수 있답니다.

20분   2~3인분

READY

통조림 참치	2캔(300g)
양파	1/2개
당근	1/5개
쪽파	3줄기
달걀	2개
밀가루	1큰술
후춧가루	약간
소금	약간
식용유	적당량

RECIPE TIP

취향에 따라 청양고추를 추가하면 더욱 맛있는 참치전이 완성됩니다. 반죽의 반은 아이들용으로 부치고 남은 반죽에 다진 청양고추를 넣어 매콤하게 부쳐도 좋아요.

재료 손질해 준비하기

1

통조림 참치의 국물은 꼭 짠다. 양파, 당근은 곱게 다지고 쪽파는 송송 썬다.

재료 섞기

2

볼에 식용유를 제외한 모든 재료를 넣고 섞는다.

중간 불 🔥🔥🔥 **3분**

3

달군 팬에 식용유를 두르고 반죽을 2큰술씩 올려 중간 불에서 3분간 앞뒤로 노릇하게 부친다.

팽이버섯전

저렴한 가격으로 쉽게 구할 수 있는 팽이버섯으로 만든 전이에요. 보통은 국이나 찌개에 많이 사용 될 텐데요. 전으로 만들면 씹히는 식감도 좋을 뿐 더러 메인 요리로도 충분한 음식이 된답니다.

20분　2~3인분

READY

팽이버섯	1봉(300g)
깻잎	5장
당근	약간
쪽파	약간
달걀	3개
소금	약간
후춧가루	약간
식용유	적당량

RECIPE TIP

남은 자투리 채소가 있다면 함께 다져 넣어 만들어도 좋아요. 불린 당면을 넣으면 더욱 쫄깃한 식감을 낼 수 있어요.

1

재료 손질해 준비하기

팽이버섯은 밑둥을 제거하고 1.5cm 길이로 썬다. 깻잎, 당근은 잘게 썰고, 쪽파는 송송 썬다.

2

재료 섞기

볼에 식용유를 제외한 모든 재료를 넣고 섞는다.

3

중간 불 🔥🔥🔥 3분

달궈진 팬에 식용유를 두르고 반죽을 적당량 떠서 중간 불에 3분간 앞뒤로 노릇하게 지진다.

부추 오징어전

***

부추는 한단 사오면 다 소진 하기가 쉽지 않은 식재료에요. 부추가 시들해 지기 전에 오징어 썰어 넣은 부추전 어떠세요? 매콤한 청양고추를 다져 넣으면 더 맛있답니다.

20분 | 저장 3회분 | 2~3인분

READY

오징어	2마리(손질한 것)
부추	3줌
양파	1/2개
깻잎	10장
청양고추	2개
홍고추	1개
물	약 1과 1/2컵(350ml)
부침가루	1과 1/2컵

RECIPE TIP

부침개에 곁들이는 초간장은 참깨 1큰술, 설탕 1큰술, 고춧가루 1큰술, 간장 2큰술, 식초 1큰술, 물 1큰술을 넣어 만들어요.

재료 손질해 준비하기

1
오징어는 잘게 썬다. 부추, 청양고추, 홍고추는 송송 썬다. 양파, 깻잎은 채 썬다.

재료 섞기

2
볼에 식용유를 제외한 모든 재료를 넣고 섞는다.

중간 불

3
달군 팬에 기름을 두르고 중간 불에 국자로 반죽을 떠서 얇게 펴 2/3쯤 투명해지면 뒤집어 노릇하게 굽는다.

PART 4

식탁이
특별해진다

오늘도
맛있는
한 그릇 요리&특식

***

간단한 식사를 하고 싶을 때 주로 만드는 요리를 담은 한 그릇 요리&특식이에요. 분식부터 다양한 면 요리, 볶음밥 등 만들기 쉽고 따라 하기 쉬운 메뉴들이 가득해요. 역시 세 가지 과정만으로 만드는 것은 기본입니다. 여기에 제가 가장 좋아하고 즐겨 만드는 김밥도 따로 소개한답니다. 오늘도 맛있는 한 그릇 요리&특식으로 특별한 식탁을 채워보세요.

오징어 마늘종파스타

들어가는 재료는 간단하지만 마늘과 오일이 만나 풍미가 끝내줘요. 마늘종을 넣어 더 색다르답니다. 스파게티 삶은 물과 치킨스톡을 이용해서 감칠맛까지 잡아주세요.

20분　2인분

READY

스파게티	2인분(200g)
오징어	1마리(손질한 것)
마늘종	1줌(손질한 것)
올리브유	4큰술
치킨스톡	1큰술
페페론치노	1작은술
소금	약간
후춧가루	약간

RECIPE TIP

치킨스톡이 없으면 참치액이나, 소금으로 간을 더해요.

파스타 삶기

1 끓는 물(7컵 + 소금 1큰술)에 스파게티를 7분간 삶아 체에 밭쳐 물기를 뺀다. 이때 스파게티 삶은 물 1컵(200ml)은 버리지 않는다. 오징어는 모양을 살려 썰고 마늘종은 5cm 길이로 썬다.

중간 불 3분 → 2분

2 달군 팬에 올리브유를 두르고 마늘종, 잘게 부순 페페론치노를 넣어 중간 불에서 3분, 오징어를 넣어 2분간 볶는다.

중간 불 2분 → 완성하기

3 삶은 스파게티를 넣고 중간 불에서 2분간 볶은 후 치킨스톡, 소금, 후춧가루로 간을 한다. 이때 스파게티 삶은 물을 약간씩 넣어가며 농도 조절을 한다.

게살수프

***

중국집에서 먹는 부드러운 게살수프를 가정에서 쉽고 간단하게 만들어보아요. 따뜻하고 부드러워 아침 식사로 먹거나 특별한 날 전채로 내기 좋답니다.

20분 **2인분**

READY

크래미	1봉
양파	1/2개
쪽파	5줄기
달걀 흰자	3개분
치킨스톡	2큰술
소금	1작은술
전분물	전분 2큰술 + 물 6큰술
참기름	1큰술
다시 국물	4컵(800ml)

재료 손질해 준비하기

1

크래미는 곱게 찢고 양파는 채 썬다. 쪽파는 송송 썬다. 볼에 달걀 흰자를 넣고 푼다.

중간 불

2

냄비에 다시 국물을 넣고 끓어 오르면 크래미, 양파, 달걀 흰자, 치킨스톡, 소금을 넣어 한 소끔 끓인 후 섞는다.

Tip. 달걀 흰자가 끓을 때까지 섞지 않고 기다려야 달걀물이 지저분해지지 않아요.

완성하기

3

전분물을 넣어 섞은 후 불을 끄고 참기름, 쪽파를 넣는다.

양배추말이찜
***

익히면 단맛이 강해지는 양배추에 고기소를 넣고 돌돌 말아 토마토와 함께 쪄낸 양배추말이찜이에요. 익힌 토마토와 양배추, 돼지고기로 저칼로리 다이어트 메뉴를 완성해보세요.

30분 2~3인분

READY

찐 양배추 잎	6장(큰 것)
편 썬 마늘	10개분
올리브유	2큰술
깍둑 썬 토마토	2개분
토마토케첩	5큰술
소금	약간
후춧가루	약간
물	1/2컵(100ml)

양배추 소

돼지고기 다짐육	200g
다진 양파	1/2개분
다진 당근	1/3개분
송송 썬 쪽파	6줄기분
밀가루	1큰술
다진 마늘	1큰술
굴소스	1큰술
생강	1작은술

RECIPE TIP

양배추는 위생비닐에 넣어 5분간 전자레인지에 돌리거나 찜기에 쪄 사용해요.

양배추 소 넣어 말기

1

볼에 양배추 소 재료를 넣고 섞는다. 찐 양배추 잎에 양배추 소를 넣어 돌돌 만다.

Tip. 돼지고기 대신 소고기를 사용해도 좋아요.

중간 불 1분 → 1분 → 1분

2

중간 불로 달군 팬에 올리브유를 두르고 편 썬 마늘을 볶다가 물을 제외한 모든 재료를 넣고 1분, 물을 넣어 1분간 끓인다.

중간 불 5분 → 5분

3

돌돌 만 양배추말이를 넣어 뚜껑을 닫아 중간 불에서 5분, 뒤집어 5분간 찌듯이 익힌다.

떡국
***

까치까치 설날이 생각나는 떡국이에요. 요즘은 떡국떡의 모양도 맛도 여러 가지예요. 조랭이떡, 현미떡 등을 넣어 다양하게 즐겨보세요.

30분 2~3인분

READY

떡국떡	300g
소고기 양지	200g
달걀	2개
대파	10cm
들기름	2큰술
소금	약간
다진 마늘	1큰술
국간장	2큰술
참치액	1큰술
참기름	1큰술
후춧가루	약간
다시 국물	4컵(800ml)

RECIPE TIP

날살은 시난으로 부쳐 올려 주면 더욱 고급스럽게 만들 수 있어요.

재료 손질해 준비하기

1
떡국떡은 찬물에 담가 놓는다. 소고기는 잘게 썰고 대파는 어슷 썬다. 작은 볼에 달걀을 넣고 푼다.

센 불 🔥🔥🔥🔥 2분

2
냄비에 들기름을 넣고 센 불에서 소고기를 넣어 2분간 볶다가 소금, 다진 마늘, 국간장, 참치액, 다시 국물을 넣어 끓인다.

센 불 🔥🔥🔥🔥 → 완성하기

3
국물이 끓어오르면 떡국떡을 넣고 센 불에서 떡이 떠오를 때까지 끓인다. 달걀물을 둘러 붓고 대파, 참기름, 후춧가루를 넣고 살살 젓는다.

어묵국수

따뜻한 국물이 생각날 때 생각나는 어묵국수입니다. 포장마차에서 먹던 국수가 떠오르는 메뉴지요. 국 메뉴에 있던 어묵국(72p)이 남았을 때 만들기 좋답니다.

15분 2인분

READY

어묵국(72p)	3컵(600ml)
소면	2줌
후춧가루	약간

양념장

참깨	1큰술
고춧가루	1큰술
다진 청양고추	1큰술
간장	2큰술
참기름	1큰술

RECIPE TIP

소면이 끓어 오를 때 찬 물을 넣어 다시 끓어 오르기를 2번 반복하면 더 쫄깃한 식감을 낼 수 있어요.

양념장 만들기

1
작은 볼에 양념장 재료를 넣고 섞는다. 끓는 물(7컵 + 소금 1큰술)에 소면을 흩어지게 넣는다.

소면 삶기

2
봉지 뒷면을 참고해 소면을 삶고 면이 익으면 체에 붓고 찬물에 비벼 헹군다.

완성하기

3
물기 뺀 소면을 그릇에 돌려 담아 뜨겁게 데운 어묵국을 올리고 양념장, 후춧가루를 기호에 맞게 넣는다.

Tip. — 어묵국 만들기 72p

부타가쿠니덮밥
***

일본식 돼지고기찜 부타가쿠니를 밥에 얹어낸 덮밥이에요. 제가 쿠킹박스로도 출시했던 사랑스러운 메뉴랍니다. 달콤 짭조름한 부드러운 삼겹살 맛을 그대로 느낄 수 있지요.

45분   2~3인분

READY

통삼겹살	450g
청경채	2개
삶은 달걀	2개
마늘	10개
밥	2공기

양념

통후추	20알
월계수잎	4장
다시마	3장
생강	2톨
설탕	2큰술
미림	1/4컵(50ml)
간장	1/4컵(50ml)
물	1/4컵(50ml)

재료 손질해 준비하기

1 볼에 양념 재료를 넣고 섞는다. 팬에 통삼겹살을 넣어 4면을 노릇하게 굽는다. 청경채는 데쳐 찬물에 헹군다.

중간 불 🔥🔥🔥 10분 → 10분 → 5분

2 키친타월로 삼겹살의 기름기를 닦아내고 양념 재료, 통삼겹살을 넣어 중간 불에서 10분, 다시마를 빼고 10분간 더 조린다. 삶은 달걀과 마늘을 넣고 5분간 조린다.

완성하기

3 삼겹살을 먹기 좋은 크기로 썰고 달걀도 반으로 썬다. 모든 재료를 나눠 담고 남은 소스를 끼얹는다.

밀떡볶이

★★★

매일 먹어도 질리지 않는 마성의 음식, 떡볶이가 아닐까요. 다이어트의 적이라고는 하는데 너무도 사랑할 수 밖에 없는 떡볶이, 밀떡을 넣어 푸짐하게 만들어 드세요.

15분 2~3인분

READY

밀떡볶이 떡	300g
어묵	3장
삶은 달걀	2개
대파	20cm
후춧가루	적당량

양념

설탕	4큰술
고춧가루	2큰술
다진 마늘	1큰술
까나리액젓	1큰술
국간장	1큰술
고추장	1/2컵(100g)
물	3컵(600ml)

RECIPE TIP

떡볶이 양을 줄이고 라면사리를 넣어 라볶이로 즐겨도 좋아요.

재료 손질해 준비하기

1 어묵은 한입 크기로 썰고 대파는 길이로 2등분한 후 먹기 좋은 크기로 썬다.

센 불 5분

2 팬에 양념 재료를 넣고 끓어오르면 밀떡볶이 떡, 어묵을 넣어 센 불에서 5분간 끓인다.

중간 불 1분

3 대파, 삶은 달걀을 넣고 후춧가루를 뿌려 중간 불에서 1분간 끓인다.

바지락칼국수

느긋한 휴일 점심으로 시원한 조개국물이 입맛을 돋워주는 바지락칼국수 어떠세요. 바지락의 효능은 대단해요. 고단백 저지방 식품으로 다이어트에도 좋답니다.

20분   **2~3인분**

READY

칼국수 생면	2인분
바지락	200g(해감된 것)
호박	1/3개
당근	1/4개
대파	10cm
홍고추	1개
청양고추	1개
후춧가루	약간
다시 국물	5컵(1L)

양념

소금	약간
다진 마늘	2큰술
국간장	2큰술
참치액	1큰술

RECIPE TIP

생면을 넣기 직전에 면을 체에 넣고 흐르는 물에 씻어 겉면에 묻은 밀가루를 빠르게 제거하면 칼국수 국물이 더욱 깔끔하게 완성돼요. 이때 면을 바로 넣지 않으면 면끼리 달라붙게 되니 빠르게 요리해요.

1

재료 손질해 준비하기

바지락은 소금물에 씻어 건진다. 호박, 당근은 반달 썰기 하고 대파, 홍고추, 청양고추는 어슷 썬다.

2

센 불

냄비에 다시 국물을 붓고 끓어오르면 양념 재료, 칼국수 생면, 호박, 당근을 넣어 센 불에서 끓인다.

Tip. 면의 두께에 따라 익는 시간이 달라질 수 있어요.

3

센 불 → 완성하기

면이 60%정도 익으면 바지락을 넣고 대파, 고추를 넣어 바지락의 입이 벌어질 때까지 한소끔 끓인다. 불을 끄고 후춧가루를 넣는다.

훈제오리볶음밥
***

남은 훈제오리가 있다면 쉽게 만들 수 있는 볶음밥이에요. 사랑하는 아들이 가장 좋아하는 메뉴 중 하나로, 다른 반찬 없이 김치 하나만 있어도 되는 한 그릇 요리랍니다. 요리 과정은 간단하지만 차림새는 일품요리 못지않아요.

20분   2인분

READY

훈제오리	10조각(150g)
양파	1/2개
당근	1/4개
마늘	12개
쪽파	적당량
밥	2공기
굴소스	2큰술
참깨	적당량
식용유	적당량

RECIPE TIP

끓는 물에 체에 밭친 훈제오리를 넣고 1분간 데쳐 사용하면 여분의 기름기, 발색제를 세서힐 수 있어요.

1

재료 손질해 준비하기

훈제오리는 잘게 썬다. 양파, 당근은 곱게 썬다. 마늘은 편 썰고, 쪽파는 송송 썬다.

2

중간 불 🔥🔥🔥 1분 → 3분 → 1분

달군 팬에 식용유를 두르고 편 썬 마늘을 넣고 중간 불에서 노릇하게 볶다 양파, 당근을 넣어 3분, 훈제오리를 넣어 1분간 볶는다.

3

중간 불 🔥🔥🔥 → 완성하기

밥을 넣고 부숴가며 볶은 후 굴소스를 넣어 볶고 불을 끈 후 쪽파, 참깨를 넣어 섞는다.

단호박찜
***
간단한 메뉴지만 견과류를 곁들이면 한정식집 메뉴 부럽지 않아요. 가벼운 식사로 즐기거나 만들어 두어 냉장고에 넣어두면 든든한 간식으로도 좋답니다.

20분　2회분

READY

단호박(또는 밤호박) ······· 1개
견과류 ······························ 1줌
꿀 ································· 5큰술
　　(또는 올리고당, 물엿)

RECIPE TIP

단호박의 겉면은 베이킹파우더와 소금을 사용해 깨끗이 닦아요. 단호박대신 밤호박을 사용하면 더 달콤하게 즐길 수 있어요.

1

전자레인지　5~10분

단호박의 꼭지에 칼집을 넣고 위생비닐에 넣어 전자레인지에 돌려 5~10분간 충분히 찐다.

2

중간 불 5분

견과류는 마른 팬에 넣고 중간 불에서 5분간 볶은 후 한 김 식혀 꿀과 함께 섞는다.

3

완성하기

단호박을 적당한 크기로 썰어 씨를 제거하고 꿀이 버무려진 견과류를 올린다.

연주네
BEST 김밥

✦✦✦

김밥에 도전하지 못했던 요리 왕초보라면 주목하세요. 누구나 김밥을 쉽게 쌀 수 있게 김밥의 기본을 알려드려요! 특히 제가 즐겨 만드는 BEST 김밥 다섯 가지를 마스터 한다면 다양한 속재료의 조합으로 자신만의 김밥을 만들 수 있을 거예요! 재료의 손질부터 김밥을 싸는 방법까지 자세히 알려드릴게요. 인스타그램에서 세세하게 소개하지 못했던 저만의 비법도 공개합니다.

모둠김밥
✱✱✱

제가 가장 사랑하는 요리라고 자신 있게 말할 수 있는 김밥이에요.
조금만 정성을 들이면 보기에도 먹기에도 좋은 예쁜 김밥이 완성되지요.

1시간 30분 5줄분

READY

따뜻한 밥 4공기, 김 5장, **김밥용 햄** 5줄, **맛살** 5줄, **어묵** 5장, **달걀** 5개, **단무지** 5줄, **시금치** 1/2단(150g), **우엉조림**(164p 우엉조림 활용), **깻잎** 10장, **다진 마늘** 1큰술, **간장** 1큰술, **올리고당** 1큰술, **식용유** 적당량

밥 양념
소금 적당량, 참기름 3큰술

준비하기

시금치
- 끓는 물에 굵은 소금(1큰술) 넣고 데치기
- 물기를 꼭 짠 후 소금(약간), 참기름(적당량) 넣어 무치기

햄, 맛살
- 길이로 썰기
- 달군 팬에 식용유 두르고 볶기

달걀
- 소금(적당량) 넣어 곱게 풀기
- 달군 팬에 식용유 두르고 얇게 부치기
- 한 김 식혀 곱게 채 썰기

당근
- 곱게 채 썰기
- 달군 팬에 식용유 두르고 소금(약간), 다진 마늘(약간) 넣어 중간 불에서 3분 간 볶기

어묵
- 곱게 채 채썰기
- 달군 팬에 식용유 두르고 다진 마늘, 간장, 올리고당 넣어 중간 불에서 3분 간 볶기

우엉조림
- 164p 우엉조림 참고

단무지
- 물에 한 번 헹궈 물기 제거하기

밥
- 따뜻한 밥과 밥 양념 재료 넣어 섞기
- 뜨겁지 않게 한 김 식히기

RECIPE

1 김발에 김의 거친 면이 안쪽으로 펼쳐지게 올리고 밥을 김 면적의 70% 가량 편다.

2 물기를 최대한 제거한 깻잎을 올린다.
Tip. 깻잎은 재료의 수분을 막아줘요.

3 깻잎 위에 속 재료를 펼쳐 올린다. 이때 약 3cm정도의 밥 부분이 남게 속재료를 올린다.

4 김발을 재빠르게 말아 올리면서 한 손으로는 속 재료가 나오지 않도록 눌러 만다.

5 김발째 돌려 김밥을 꼭꼭 눌러 싼다.

6 완성된 김밥을 김발로 꾹꾹 눌러 말아 풀어지지 않게 한다.

옛날김밥
★★★

다양한 종류의 김밥이 많은 요즘이지만
때론 어렸을 때 엄마가 싸주셨던 투박한 김밥 맛이 그리울 때가 있어요.
그럴 땐 옛날김밥으로 그 추억까지 살려보세요.

40분   5줄분

READY

따뜻한 밥 4공기, **김** 5장, **분홍소시지** 20cm, **시금치** 1/2단(150g), **달걀** 5개, **단무지** 5줄, **당근** 1개, **식용유** 적당량

밥 양념
소금 적당량, **참기름** 적당량

준비하기

시금치
- 끓는 물에 굵은 소금(1큰술) 넣고 데치기
- 물기를 꼭 짠 후 소금(약간), 참기름(적당량) 넣어 무치기

분홍소시지
- 길이로 썰기
- 달군 팬에 식용유 두르고 부치기

달걀
- 소금(적당량) 넣어 곱게 풀기
- 달군 팬에 식용유 두르고 얇게 부치기
- 한 김 식혀 곱게 채 썰기

당근
- 곱게 채 썰기
- 달군 팬에 식용유 두르고 소금(약간), 다진 마늘(약간) 넣어 중간 불에서 3분간 볶기

단무지
- 물에 한 번 헹궈 물기 제거하기

밥
- 따뜻한 밥과 밥 양념 재료 넣어 섞기
- 뜨겁지 않게 한 김 식히기

RECIPE

1 김발에 김의 거친 면이 안쪽으로 펼쳐지게 올리고 밥을 김 면적의 70% 가량 편다.

2 김 1장을 밥 면적의 90% 만큼 잘라 밥을 덮는다.

3 속 재료를 펼쳐 올린다. 이때 김의 안쪽이 약 2cm정도 남게 재료를 올린다.

4 김발을 재빠르게 말아 올리면서 속 재료가 나오지 않도록 눌러 만다.

5 김발째 돌려 김밥을 꼭꼭 눌러 싼다.

6 완성된 김밥을 김발로 꾹꾹 눌러 말아 풀어지지 않게 한다.

달걀말이김밥
***

채소 싫어하는 아이들도 다진 채소가 든 달걀말이김밥은 거부하지 않지요.
와사비 간장소스를 찍어 먹어도 좋답니다.

30분　**2줄분**

READY

따뜻한 밥 1과 1/2공기, 김 4장

밥 양념
소금 적당량, **참기름** 적당량

달걀말이
달걀 6개, 다진 **파프리카** 3큰술, 다진 **당근** 3큰술, 다진 **브로콜리** 3큰술
송송 썬 쪽파 2큰술, **쯔유** 1큰술, 소금 적당량, 식용유 적당량

| 준비하기 | **달걀말이**
- 식용유를 제외한 재료 넣고 풀기
- 달군 팬에 식용유 두르고 달걀물을 부 쳐 달걀말이 2개 만들기
- 따뜻할 때 김발로 말아 모양 잡기 | **밥**
- 따뜻한 밥과 밥 양념 재료 넣어 섞기
- 뜨겁지 않게 한 김 식히기 |

RECIPE

1 김발에 김을 올리고 달걀말이를 올린다.

2 달걀말이를 김으로 완전히 감싼다. 이때, 김이 길다면 잘라내는 것이 좋다.

3 위 과정을 반복해 1개 더 만든다.

4 김발에 김의 거친 면이 안쪽으로 펼쳐지게 올리고 밥을 김 면적의 70% 가량 편 후 달걀말이를 올린다.

5 김발째 달걀말이를 잡고 돌려 눌러 만다.

6 완성된 김밥을 김발로 꾹꾹 눌러 말아 달걀말이와 밥이 최대한 밀착되게 한다.

땡초김밥
***

매콤한 맛의 김밥을 먹고 싶을 때 자투리 채소를 이용해 간단히 만들 수 있는 땡초김밥입니다.
만드는 방법은 쉽지만 맛은 정성 가득 담은 김밥 못지 않아요.

30분 5줄분

READY

따뜻한 밥 3공기, 김 5장, 단무지 5줄

밥 양념
참깨 적당량, 참기름 적당량

땡초 양념
어묵 4장, 청양고추 50g, 홍고추 2개, 당근 1/3개
참치액 1큰술, 식용유 적당량

준비하기

땡초 양념
- 어묵, 청양고추, 홍고추, 당근 다지기
- 달군 팬에 식용유 두르고 다진 재료에 참치액 넣어 볶기

밥
- 뜨겁지 않게 한 김 식히기

RECIPE

1 준비한 밥에 볶아둔 땡초 양념을 넣는다.

2 땡초 양념이 골고루 섞일 수 있도록 잘 비빈다.

3 김발에 김의 거친 면이 안쪽으로 펼쳐지게 올리고 양념된 밥을 김 면적의 70% 가량 편다.

4 단무지를 김밥의 안쪽에 1개 올린다.

5 김발을 살살 잡아당기면서 김밥을 만다.

6 완성된 김밥을 김발로 꾹꾹 눌러 말아 풀어지지 않게 한다.

삼겹살김밥
***

딸이 가장 좋아하고 가족 모두가 즐겨 찾는 김밥이랍니다.
재료 준비가 다른 김밥에 비해 간단해 시간이 없을 때 만들기 좋아요.

30분 3줄분

READY

따뜻한 밥 3공기, 김 3장, 삼겹살 3줄(400g), 풋고추 6개
쌈무 9장, 당근 1개, 쌈장 3큰술, 식용유 적당량

밥 양념
소금 약간, 참기름 약간

준비하기

삼겹살
- 소금(약간), 후춧가루(약간)로 밑간 하기
- 달군 팬에 중간 불로 노릇하게 굽기
- 키친타월로 여분의 기름 제거하기

당근
- 곱게 채 썰기
- 달군 팬에 식용유 두르기
- 소금(약간) 넣어 중간 불에서 3분간 볶기

풋고추
- 길이로 칼집 넣기
- 칼집 넣은 곳에 쌈장 채워 넣기

밥
- 따뜻한 밥과 밥 양념 재료 넣어 섞기
- 뜨겁지 않게 한 김 식히기

RECIPE

1. 김발에 김의 거친 면이 안쪽으로 펼쳐지게 올리고 밥을 김 면적의 70% 가량 편 후 깻잎과 물기를 꼭 짠 쌈무를 올린다.

2. 구운 삼겹살을 쌈무 위에 올린다. 삼겹살의 기름은 최대한 제거한다.

3. 쌈장을 넣은 풋고추를 1~2개 올린다. 풋고추의 두께가 다르므로 한쪽으로 쏠리지 않도록 균형을 맞춰 올린다.

4. 당근을 올린다. 이때, 풋고추 위에 당근을 올리면 미끄러질 수 있으니 삼겹살 쪽에 올린다.

5. 김발을 재빠르게 말아 올리면서 속재료가 나오지 않도록 눌러 만다.

6. 완성된 김밥을 김발로 꾹꾹 눌러 말아 풀어지지 않게 한다.

김밥이
더 맛있어지는
PLUS TIP

* 김밥을 쌀 때 밥은 적당한 두께로 고르게 펴 주세요. 밥이 많으면 싱겁고, 재료에 비해 밥이 적으면 터지거나 잘 말아지지 않아요. 적당한 두께로 밥을 펴는 게 기본이랍니다.

* 김밥을 싼 후에는 이음새가 바닥으로 향하도록 놓아요. 물이나 밥알을 따로 붙이지 않아도 밥의 열기와 수분으로 인해 이음새가 깔끔하게 붙는답니다.

* 김밥은 따뜻할 때 먹는 것이 가장 맛있지만 남았다면 냉장 보관한 후 먹기 전 달걀물을 입혀 중간 불에 노릇하게 부쳐먹어도 좋아요.

Tip. 김밥에 잘 어울리는 두 가지 소스
간단하게 만들어 김밥을 더 색다르게 즐겨보세요.

- 달걀말이김밥에 잘 어울리는 **와사비 간장소스**
  간장 1큰술 + 와사비 적당량

- 마약김밥 스타일의 **겨자 소스**
  설탕 1큰술 + 간장 1큰술 + 식초 1큰술 + 물 1과 1/2큰술 + 와사비 1/2큰술 + 연겨자 1큰술

PART 5

식탁의 한 끝이
달라진다

오늘도
맛있는
식탁 위 저장식

✳✳✳

매일 만들 필요 없이 미리 만들어 두면 든든해지는 요리들이 있지요. 바로 저장식입니다. 짧으면 1주일 길게는 2주일 이상 두고 두고 먹거나 반찬이 적을 때 식탁을 채우기에 좋지요. 입맛을 돋우는 장아찌, 피클과 쉽게 담글 수 있는 김치류인 겉절이와 오이소박이, 밥에 비벼먹는 소고기 볶음고추장, 면에 쓱쓱 비벼먹기 좋은 만능 비빔장과 드레싱까지 준비했어요. 알아두면 요리의 한 끝, 식탁의 한 끝이 달라진답니다.

오이피클
냉장 보관 2주일

양파 간장장아찌
냉장 보관 2주일

깻잎장아찌
냉장 보관 2주일

Tip. — 유리병 소독하기

냄비에 물을 담고 깨끗이 씻은 유리병을 뒤집어 놓은 후 불을 켜서 3분간 끓여요. 유리병을 꺼내 식힌 후 바로 세워 그대로 물기를 말려 사용해요.

오이피클

맛있는 수제 피클을 이제 만들어 드세요. 비율만 지켜 만들어두면 되고, 유리병에 담아 포인트만 줘서 꾸며주면 선물하기도 좋습니다.

재료 오이 3개, **양파** 1/2개, **파프리카** 1/2개

절임물 소금 1작은술, 피클링 스파이스 1작은술, 월계수잎 2장, 설탕 1컵(200g)
식초 1컵(200ml), 물 2컵(400ml)

1 준비된 재료는 식초, 소금을 넣은 물에 깨끗이 씻어 흐르는 물에 헹군 후 키친타월로 여분의 물기를 제거한다.
2 재료를 적당한 크기로 썬 후 유리병에 차곡차곡 담고 냄비에 식초를 제외한 절임물 재료를 모두 넣어 끓어오르면 식초를 넣어 끓인 후 병에 붓는다.
3 실온에서 하루 동안 숙성한 후 냉장실에 넣어 보관하고 24시간 후에 먹는다. 더 오래 보관하고 싶다면 3일 후 피클 물만 따라 다시 끓여 식혀준 후 붓는다.

양파 간장장아찌

양파 간장장아찌는 만들기가 쉽고 활용도가 높은 장아찌예요. 특히 부침개를 부쳤을 때 빛을 발해요. 새콤달콤한 간장소스가 느끼함을 잡아줘 요리를 돋보이게 해준답니다.

재료 양파 6개, **청양고추** 4개, **홍고추** 2개

절임물 설탕 1컵(200g), 식초 1컵(200ml), 간장 1컵(200ml), 물 1과 1/2컵(300ml)

1 준비된 재료는 식초, 소금을 넣은 물에 깨끗이 씻어 흐르는 물에 헹군 후 키친타월로 여분의 물기를 제거한다.
2 재료를 적당한 크기로 썬 후 유리병에 차곡차곡 담고 냄비에 절임물 재류를 모두 넣어 끓인후 병에 붓는다
3 실온에서 하루 동안 숙성한 후 냉장실에 넣어 보관하고 24시간 후에 먹는다.

깻잎장아찌

아이들이 4살때쯤부터 먹기 시작한 깻잎장아찌예요. 그때는 친정 엄마가 해주셨지만 지금은 제가 만들고 있지요. 은은한 멸치 향이 입맛을 더 돋워준답니다.

재료 깻잎 100장, **마늘** 20개, **청양고추** 5개, **홍고추** 2개

절임물 국물용 멸치 1줌, 다시마 5조각, 설탕 약 3/4컵(160g), 간장 1컵(200ml)
물 2컵(400ml), 식초 1/2컵(100ml)

1 깻잎은 깨끗이 씻어 체에 밭쳐 물기를 뺀다. 마늘은 편 썰고 청양고추, 홍고추는 어슷 썬다. 국물용 멸치는 다시팩에 넣는다.
2 냄비에 절임물 재료를 넣고 중간 불로 5분간 끓인 후 다시마를 건지고 뚜껑을 닫아 10분간 더 끓인다.
3 밀폐 용기에 부어 실온에서 하루 동안 숙성한 후 냉장실에 넣어 보관하고 24시간 후에 먹는다.

배추겉절이
냉장 보관
2주일

오이소박이
냉장 보관
2주일

오이소박이

❋❋❋

바로 만들어 먹는 오이소박이의 맛 아시나요? 오이 하나는 깍둑 썰어 소금에 잠시 절여 양념장 오이 개수에 따라 비율 조절하셔서 버무려 드셔도 맛있답니다. 절인 오이는 물로 헹궈 녹지 않은 소금은 씻어내요.

재료	**오이** 5개, **부추** 1줌, **양파** 1개
양념	**고춧가루** 6큰술, **다진 마늘** 2큰술, **다진 생강** 1/2큰술, **까나리액젓** 3큰술 **올리고당** 2큰술, **참깨** 적당량, **사과즙** 1/4컵(50ml)
절임물	**소금** 1/2컵(100g), **물** 5컵(1L)

1 오이는 굵은 소금(분량 외)으로 씻은 후 양 끝을 썰어 길이로 십자모양이 되게 썬다.
  냄비에 절임물 재료를 넣고 끓여 오이에 부어 20분간 절인다.
2 양파, 부추는 손질해 1cm 길이로 썰어 양념 재료와 함께 버무린다.
3 오이는 헹궈 물기를 충분히 뺀 후 사이사이에 만든 소를 넣는다.
  밀폐 용기에 담아 실온에 2~3시간 익히고 냉장실에 보관한다.

배추겉절이

❋❋❋

김치가 물릴 때 가끔 만드는 겉절이랍니다. 겉절이는 번거로운 듯 하지만 막상 만들고 나면 별거 아니구나 하는 생각이 들어요. 감칠맛 넘치는 겉절이로 식탁을 채워보세요.

재료	**배추** 1포기, **양파** 1개, **부추** 1줌, **쪽파** 10줄기, **홍고추** 2개, **참깨** 2큰술
양념	**고춧가루** 7큰술, **다진 마늘** 3큰술, **다진 생강** 1큰술, **까나리액젓** 5큰술 **올리고당** 2큰술, **사과즙** 1/4컵(50ml)
절임물	**소금** 100g, **물** 2와 1/2컵(500ml)

1 배추는 반으로 쪼개 심지를 제거하고 한 장씩 비스듬하게 하나하나 썬다.
  절임물 재료를 섞어 배추에 골고루 부어 1시간 동안 뒤적이며 절인다.
  양파는 채 썰고 부추, 쪽파는 4cm 크기로 썰고 홍고추는 어슷 썬다.
2 배추의 줄기가 구부러질 정도로 절여지면 흐르는 물에 헹궈 체에 밭쳐 물기를 뺀다.
  볼에 양념 재료를 넣고 섞는다.
3 배추를 양념과 함께 버무린 후 양파, 부추, 쪽파, 홍고추를 넣어 한 번 더 버무린다.
  참깨를 뿌리고 밀폐 용기에 담아 실온에 2~3시간 익히고 냉장실에 보관한다.

만능 비빔장

쫄면, 비빔국수, 비빔당면, 냉면, 비빔만두의 양배추무침 등에 다양하게 활용하는 만능 비빔장입니다. 비빔장을 적당히 넣고 참기름은 먹기 직전에 넣어야 고소한 향이 더 살아난답니다.

| 재료 | **고춧가루** 2큰술, **다진 마늘** 3큰술, **식초** 8~10큰술, **간장** 1큰술, **국간장** 1큰술, **올리고당** 6큰술, **고추장** 6큰술 |

1 볼에 모든 재료를 넣고 섞는다.
2 밀폐 용기에 담아 냉장실에 보관한다.

소고기 볶음고추장

입맛 없는 아침에 제격인 소고기 볶음고추장이에요. 달걀프라이에 볶음고추장 한 숟가락이면 밥 한공기가 게 눈 감추듯 사라진답니다. 비빔밥에도 조림 요리에도 두루두루 활용해보세요. 볶음고추장으로 요리가 더 맛있어지는 걸 느끼실 거예요.

| 재료 | **소고기 다짐육** 200g, **고추장** 300g, **대파** 20cm, **다진 마늘** 3큰술, **참기름** 1큰술, **통깨** 1큰술 |
| 밑간 | **설탕** 1큰술, **간장** 1큰술, **후춧가루** 1작은술, **생강** 1작은술 |

1 볼에 소고기 다짐육, 밑간 재료를 넣고 버무린다. 대파는 곱게 다진다.
2 달군 팬에 참기름을 두르고 다진 마늘, 대파를 넣고 중간 불에서 3분간 볶는다.
3 밑간 된 소고기를 넣어 센 불에서 3분, 고추장을 넣어 5분간 윤기가 흐를 때까지 볶은 후 통깨를 넣는다. 완진히 식힌 후 밀페용기에 담아 냉장 보관한다.

드레싱 & 소스
✱✱✱

샐러드나 튀김에 어울리는 다양한 드레싱과 소스입니다. 소스와 드레싱은 볼에 분량의 재료를 넣고 섞은 후 밀폐용기에 담아 냉장실에 보관해요. 사용하기 전 가볍게 섞은 후 요리나 샐러드에 곁들이면 된답니다.

두부나 얇게 썬 채소에
오리엔탈드레싱

재료 검은깨 1큰술, 다진 양파 4큰술, 레몬즙 4큰술, 간장 6큰술
올리고당(또는 꿀) 3큰술, 올리브유 6큰술

바삭한 튀김 요리에
타르타르소스

재료 마요네즈 1컵(200g), 다진 양파 3큰술, 다진 피클 3큰술, 레몬즙 2큰술
올리고당 1큰술, 레드페피클 1작은술, 소금 약간, **통후추 간 것** 약간

샐러드나 구운채소에
요거트드레싱

재료 플레인 요거트 2팩, 다진 양파 2와 1/2큰술, 다진 오이 3큰술
레몬즙 2큰술, 소금 약간, **통후추 간 것** 약간

INDEX
ㄱㄴㄷ순으로 요리 찾기

ㄱ

가자미 양념구이	042
가지나물	134
감바스알하이오	028
감자 고추장조림	172
감자짜글이	080
감자채볶음	148
건새우 근대국	084
건새우 마늘종볶음	150
게살수프	204
고구마순나물	142
고등어 무조림	036
고사리나물	140
굴 무생채	124
김치전	190
깻잎장아찌	242
깻잎찜	136
꽈리고추찜	138

ㄷ

다진 돼지고기 애호박조림	174
단호박찜	220
달걀 감자국	068
달걀말이김밥	230
닭가슴살 고구마 간장볶음	178
닭볶음탕	044
도라지나물	144
도토리묵무침	034
동태찌개	102
된장찌개	096
두부조림	168
등갈비 김치찜	064
땡초김밥	233
떡국	208

ㅁ

만능 비빔장	246
매생이 굴국	106
매생이 달걀말이	186
매콤 돼지불고기	038
매콤 콩나물무침	128
메추리알 곤약장조림	176
멸치 견과류볶음	162
명란무침	116
명란젓찌개	098
모둠김밥	224
모둠버섯무침	112
밀떡볶이	214

ㅂ

바지락칼국수	216
배추겉절이	244
부대찌개	104
부추 새우탕	070
부추 오징어전	198
부타가쿠니덮밥	212
브로콜리 버섯볶음	154
비름나물무침	126

ㅅ

삼겹살김밥	236
삼치구이	182
소고기 가지볶음	048
소고기 볶음고추장	246
소고기장조림	180
소시지 채소볶음	152
숙주무침	120
시금치나물	130
시금치된장국	076

ㅇ

아귀찜	052
아삭 오이무침	110
아삭이고추무침	114
알배추 된장무침	132
애호박 고추장찌개	092
양배추말이찜	206
양파 간장장아찌	242
어묵국	072
어묵국수	210
어묵볶음	160
얼큰 소고기무국	074
옛날김밥	227
오리엔탈드레싱	248
오이 소고기볶음	156
오이냉국	094
오이소박이	244
오이피클	242
오징어 마늘종파스타	202
오징어볶음	032
요거트드레싱	248
우렁 강된장	040
우엉조림	164

ㅈ

주꾸미 버섯전골	056
주꾸미볶음	046
진미채 간장조림	170
진미채무침	158
찜닭	060

ㅊ

차돌박이 숙주볶음	030
차돌박이 순두부찌개	100
참나물겉절이	122
참치 김치찌개	078
참치전	194
청국장찌개	090
청포묵무침	118

ㅋ

카레	050
콩나물국	082
콩비지전	192
콩비지찌개	086
콩장	166

ㅌ

| 타르타르소스 | 248 |

ㅍ

| 팽이버섯전 | 196 |
| 폭탄달걀찜 | 184 |

ㅎ

함박스테이크	054
해파리냉채	058
호박 새우젓볶음	146
호박전	188
황태구이	062
황태국	088
훈제오리 버섯구이	026
훈제오리볶음밥	218

INDEX
재료별로 요리 찾기

닭고기
- 닭가슴살 고구마 간장볶음 ········ 178
- 닭볶음탕 ········ 044
- 찜닭 ········ 060

돼지고기
- 다진 돼지고기 애호박조림 ········ 174
- 등갈비 김치찜 ········ 064
- 매콤 돼지불고기 ········ 038
- 부타가쿠니덮밥 ········ 212
- 삼겹살김밥 ········ 236
- 카레 ········ 050

소고기
- 떡국 ········ 208
- 소고기 가지볶음 ········ 048
- 소고기 볶음고추장 ········ 246
- 소고기징조림 ········ 180
- 얼큰 소고기무국 ········ 074
- 차돌박이 숙주볶음 ········ 030
- 차돌박이 순두부찌개 ········ 100
- 함박스테이크 ········ 054

어, 해산물류
- 가자미 양념구이 ········ 042
- 감바스알하이요 ········ 028
- 고등어 무조림 ········ 036
- 굴 무생채 ········ 124
- 동태찌개 ········ 102
- 매생이 굴국 ········ 106
- 명란무침 ········ 116
- 명란젓찌개 ········ 098
- 바지락칼국수 ········ 216
- 부추 새우탕 ········ 070
- 부추 오징어전 ········ 198
- 삼치구이 ········ 182
- 아귀찜 ········ 052
- 오징어 마늘종파스타 ········ 202
- 오징어볶음 ········ 032
- 우렁 강된장 ········ 040
- 주꾸미 버섯전골 ········ 056
- 주꾸미볶음 ········ 046
- 해파리냉채 ········ 058

버섯, 호박
- 모둠버섯무침 ········ 112
- 브로콜리 버섯볶음 ········ 154
- 애호박 고추장찌개 ········ 092
- 팽이버섯전 ········ 196
- 호박 새우젓볶음 ········ 146
- 호박전 ········ 188

오이
- 아삭 오이무침 ········ 110
- 오이 소고기볶음 ········ 156
- 오이냉국 ········ 094
- 오이소박이 ········ 244
- 오이피클 ········ 242

감자
- 감자 고추장조림 ········ 172
- 감자짜글이 ········ 080
- 감자채볶음 ········ 148

배추, 김치류
- 김치전 ········ 190
- 배추겉절이 ········ 244
- 알배추 된장무침 ········ 132
- 양배추말이찜 ········ 206

콩나물, 숙주
- 매콤 콩나물무침 ········ 128
- 숙주무침 ········ 120
- 콩나물국 ········ 082

양파, 고추
- 꽈리고추찜 ········ 138
- 땡초김밥 ········ 233
- 아삭이고추무침 ········ 114
- 양파 간장장아찌 ········ 242

기타 채소
- 가지나물 ········ 134
- 고구마순나물 ········ 142
- 고사리나물 ········ 140
- 깻잎장아찌 ········ 242
- 깻잎찜 ········ 136
- 단호박찜 ········ 220
- 도라지나물 ········ 144
- 모둠김밥 ········ 224
- 비름나물무침 ········ 126
- 시금치나물 ········ 130
- 시금치된장국 ········ 076
- 옛날김밥 ········ 227
- 우엉조림 ········ 164
- 참나물겉절이 ········ 122

가공식품
- 게살수프 ········ 204
- 밀떡볶이 ········ 214
- 부대찌개 ········ 104
- 소시지 채소볶음 ········ 152
- 어묵국 ········ 072
- 어묵국수 ········ 210
- 어묵볶음 ········ 160
- 참치 김치찌개 ········ 078
- 참치전 ········ 194
- 훈제오리 버섯구이 ········ 026
- 훈제오리볶음밥 ········ 218

건어물류
- 건새우 근대국 ········ 084
- 건새우 마늘종볶음 ········ 150
- 멸치 견과류볶음 ········ 162
- 진미채 간장조림 ········ 170
- 진미채무침 ········ 158
- 황태구이 ········ 062
- 황태국 ········ 088

난류
- 달걀 감자국 ········ 068
- 달걀말이김밥 ········ 230
- 매생이 달걀말이 ········ 186
- 메추리알 곤약장조림 ········ 176
- 폭탄달걀찜 ········ 184

묵, 두류
- 도토리묵무침 ········ 034
- 된장찌개 ········ 096
- 두부조림 ········ 168
- 청국장찌개 ········ 090
- 청포묵무침 ········ 118
- 콩비지전 ········ 192
- 콩비지찌개 ········ 086
- 콩장 ········ 166

오늘도 맛있는
연주네 식탁

초판 1쇄 발행 2019년 11월 5일
초판 4쇄 발행 2021년 7월 1일

지은이 정연주
펴낸이 김영조
콘텐츠기획팀 권지숙, 김은정, 김희현
액티비티북팀 박유경
디자인팀 왕윤경
마케팅팀 이유섭, 박혜린
경영지원팀 정은진
사진촬영 15스튜디오 이과용
푸드스타일링 스튜디오 밀리(밀리, 이아연, 이하영)
펴낸곳 싸이프레스
주소 서울시 마포구 양화로7길 44, 3층
전화 (02) 335-0385/0399
팩스 (02) 335-0397
이메일 cypressbook1@naver.com
홈페이지 www.cypressbook.co.kr
블로그 blog.naver.com/cypressbook1
포스트 post.naver.com/cypressbook1
인스타그램 싸이프레스 @cypress_book
　　　　　　스티커 아트북 @cypress_stickerartbook
출판등록 2009년 11월 3일 제2010-000105호

ISBN 979-11-6032-070-1   13590

· 이 책은 저작권법에 따라 보호를 받는 저작물이므로 무단 전재 및 무단 복제를 금합니다.
· 책값은 뒤표지에 있습니다.
· 파본은 구입하신 곳에서 교환해 드립니다.
· 싸이프레스는 여러분의 소중한 원고를 기다립니다.

> 이 도서의 국립중앙도서관 출판예정도서목록(CIP)은 서지정보유통지원시스템 홈페이지
> (http://seoji.nl.go.kr)와 국가자료종합목록 구축시스템(http://kolis-net.nl.go.kr)에서 이
> 용하실 수 있습니다. (CIP제어번호 : CIP2019039208)